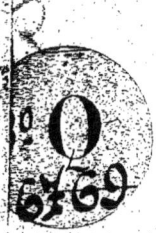

MARQUIS LÉON DE LABORDE

Membre de l'Institut

1807-1869

ÉTUDE
sur la
BIBLIOTHÈQUE
de la
CATHÉDRALE DE ROUEN

LE PORTAIL DES LIBRAIRES

LES COMMENCEMENTS DE L'IMPRIMERIE A ROUEN

TEXTES ET NOTES REVUS

PAR

M. le Chanoine PORÉE et M. l'Abbé F. BLANQUART

PARIS
LIBRAIRIE HENRI LECLERC
219, RUE SAINT-HONORÉ
et 16, rue d'Alger

1919

ÉTUDE
SUR LA
BIBLIOTHÈQUE DE LA CATHÉDRALE
DE ROUEN

EXTRAIT

DU

BULLETIN DU BIBLIOPHILE

TIRÉ A 150 EXEMPLAIRES

MARQUIS LEON DE LABORDE
Membre de l'Institut
1807-1869

ÉTUDE
SUR LA
BIBLIOTHÈQUE
DE LA
CATHÉDRALE DE ROUEN
LE PORTAIL DES LIBRAIRES
LES COMMENCEMENTS DE L'IMPRIMERIE A ROUEN

TEXTES ET NOTES REVUS
PAR
M. le Chanoine PORÉE et M. l'Abbé F. BLANQUART

PARIS
LIBRAIRIE HENRI LECLERC
219, RUE SAINT-HONORÉ
et 16, rue d'Alger

1919

ÉTUDE
sur la
BIBLIOTHÈQUE DE LA CATHÉDRALE DE ROUEN

INTRODUCTION

La bibliothèque de la cathédrale de Rouen a été, depuis le xviiie siècle, l'objet de nombreuses publications, parmi lesquelles on peut citer : l'abbé Saas, *Notice des manuscrits de la bibliothèque de l'église métropolitaine de Rouen*, 1746 ; L. Delisle, *La bibliothèque de la cathédrale de Rouen au XIIe siècle*, 1849 ; l'abbé Langlois, *Recherches sur les bibliothèques des archevêques et du chapitre de Rouen*, 1853 ; le même, *Nouvelles recherches sur les bibliothèques*, etc., 1854 ; Charles de Linas, *Le trésor et la bibliothèque de l'église métropolitaine de Rouen au XIIe siècle*, 1886 ; Omont, *Catalogue général des manuscrits*, etc. *Départements*, tom. I. *Rouen. Introduction*, p. xiv. D'autre part, M. Charles de Beaurepaire publiait en 1871, dans l'*Inventaire sommaire des archives de la Seine-Inférieure*, série G, tome II, l'analyse brève mais fidèle des principaux extraits des délibérations capitulaires qui se rapportaient à la bibliothèque du chapitre.

On pouvait penser que la matière était épuisée, et que tout avait été dit sur l'histoire de la bibliothèque de la cathédrale. Cependant, vers 1846, c'est-à-dire le premier en date après l'abbé Saas, un éminent érudit, M. Léon de Laborde, membre de l'Institut, amateur passionné des livres, avait conçu et préparé un travail considérable sur ce même sujet, et qui, aujourd'hui encore, n'a rien perdu de sa valeur.

Au cours de ses voyages, il avait étudié l'installation, l'organisation et le fonctionnement des principales bibliothèques de l'Europe, Paris, Londres, Oxford, Carlsruhe, Munich, etc. Au fond, tous ces vastes dépôts de livres se ressemblaient par quelque endroit, et la machine administrative, très compliquée, était organisée en vue de répondre aux exigences actuelles de la science et d'en assurer le progrès.

Tout autres furent les antiques bibliothèques des cathédrales et des abbayes ; mais sur ces établissements littéraires d'un autre âge, on était assez peu renseigné ; tout au plus en possédait-on les catalogues, avec les noms de quelques copistes ou enlumineurs. On savait, toutefois, qu'il avait existé à la cathédrale de Rouen une *librairie* célèbre aux siècles passés ; elle avait été la plus ancienne bibliothèque publique de France, fondée et instituée, disait la délibération des chanoines du 20 septembre 1439, pour l'usage de tous. Ne devait-elle pas avoir son histoire, consignée au jour le jour dans les registres du chapitre qui en avait la garde et en assumait l'administration ? Quel sujet plein de séduction et de promesses pour un ami des livres tel que Léon de Laborde ; d'autant mieux que les vieilles archives de la cathédrale, longtemps dispersées, venaient enfin d'être centralisées et accessibles au public.

Auguste Le Prevost, député de l'Eure, avait été chargé par le ministre de l'intérieur de l'inspection des archives de la Seine-Inférieure par décision du 9 octobre 1839 ; il adressa son rapport, très étudié et très complet, le 15 décembre suivant. Ce fut à son active intervention qu'on dut en partie les améliorations apportées au service de 1840 à 1846, notamment, en cette année, le transfert à la Préfecture de tous les documents qui restaient encore à la cathédrale. Le dépôt, ainsi centralisé sous la direction d'un archiviste, se trouva largement ouvert aux recherches des savants. (*Les archives de la Normandie et de la Seine-Inférieure*, par Paul Chevreux et Jules Vernier, 1911, in-4°. Introd. pag. VIII.)

Léon de Laborde était de longue date convaincu que c'était « dans les archives, dépôts trop longtemps négligés, où se cache la vie intime de l'histoire, qu'il faut chercher les éclaircissements qui nous manquent »; que c'était par le dépouillement méthodique de ces documents inédits que notre histoire nationale, et notamment celle de l'art français, pouvait être renouvelée et assise sur des bases solides ; et il en avait lui-même fourni la preuve et des exemples décisifs dans ses nombreuses publications presque uniquement puisées à ces sources : *Les ducs de Bourgogne* ; *La renaissance des arts à la cour de France* ; *Inventaire des tableaux, livres, joyaux et meubles de Marguerite d'Autriche* ; *Inventaire des meubles et joyaux du roi Charles V* ; *Documents et glossaire de la Notice des émaux du Louvre* ; *Documents sur Jean Goujon* et ses travaux trouvés sur la reliure d'une ancienne collection du *Journal des Débats*, etc. On est vraiment émerveillé de l'effort prodigieux de travail que représentent ces répertoires d'extraits de comptes, d'inventaires qui forment comme les pièces justificatives de ces divers ouvrages.

On peut se figurer l'enthousiasme de M. de Laborde quand il se trouva à Rouen, au milieu des innombrables liasses des archives de la cathédrale, plongé dans la lecture de ces registres poudreux et jaunis du xiv⁰ et du xv⁰ siècle, qui lui livraient leurs secrets. « Il m'a semblé souvent, écrivait-il, que j'étais assis au milieu de ces bons et avisés chanoines ; que je discutais avec eux, paternellement, de leurs intérêts, et que, dans ces petits détails de ménage, je m'associais à leur sollicitude pour l'administration de leur église et le soin des pauvres. »

Il transcrivit d'abord, d'après le Livre d'ivoire et le Cartulaire de l'église de Rouen, les premiers catalogues des livres de la cathédrale, dressés au xii⁰ siècle ; puis la plupart des délibérations des chanoines qui avaient trait aux dons, legs, acquisitions de livres, comme aussi aux statuts et règlements destinés à faciliter l'accès de la bibliothèque, et même le prêt des livres, aux chanoines et aux personnages notables et curieux d'étudier.

Une esquisse historique servait de cadre, et comme de trame à ces innombrables citations. Si elle avait été terminée, on aurait trouvé là l'histoire définitive de l'une des bibliothèques les plus considérables du moyen âge. On pourra cependant juger de l'ampleur du projet de Léon de Laborde, et il est permis de dire que son étude est, pour le xv⁰ siècle, de beaucoup la plus complète de celles qui ont été entreprises sur ce sujet.

Tout ce travail était resté manuscrit. Pourquoi M. Léon de Laborde ne le publia-t-il pas ? Sans doute, il savait (il le dit lui-même) qu'il avait pris ses notes d'une façon un peu hâtive et qu'il était nécessaire de les reviser et de les mettre au point. Puis, M. de Laborde se plaisait à traiter les sujets les plus variés ; tous l'attiraient, et il publiait sur chacun d'eux des mémoires ou des livres d'une incontestable autorité et d'un charme pénétrant. L'histoire de l'art français avait toutes ses prédilections ; on connaît le prodigieux rapport qu'il publia, lors de l'Exposition universelle de Londres, en 1851, sur l'Union des arts et de l'industrie, et qui était une véritable *Histoire des beaux-arts*. En 1857, Léon de Laborde était nommé garde général des Archives de l'Empire ; absorbé par ses fonctions, il ne trouva plus le temps de reprendre l'histoire de la bibliothèque de la cathédrale de Rouen, et le manuscrit demeura enfoui dans ses cartons, avec d'autres importants ouvrages, inachevés aussi, mais qui, espérons-le, seront publiés par son fils.

Par suite de circonstances auxquelles fut loin d'être étrangère la bonne amitié de M. Émile Picot, son collègue à l'Académie des Inscriptions M. le comte Alexandre de Laborde voulut bien me proposer d'examiner le manuscrit de l'Histoire de la bibliothèque de la cathédrale de Rouen, et même, si c'était possible, d'en achever la préparation en vue de l'impression.

La tâche était ardue, et j'avoue que j'hésitais à l'entreprendre. Pourtant, je finis par accepter ; la lecture de ces notes m'avait extrêmement intéressé. Ce qui rehaussait singulièrement la valeur du travail de M. de Laborde et en constituait l'originalité, c'était cette multitude de textes inédits extraits des registres capitulaires ; mais les cotes de ces registres, la pagination, n'étaient pas indiquées ; nombre de mots étaient restés en blanc, ou suivis d'un point d'interrogation. Il était indispensable de reviser soigneusement tous ces textes, de les collationner avec les originaux, et d'indiquer les cotes et les pages, afin que le lecteur pût se reporter aisément aux sources et les consulter à son tour.

Ce fut dans ce but que je fis appel aux connaissances paléographiques et à l'inlassable obligeance de mon excellent confrère et ami, M. l'abbé F. Blanquart, ancien curé de La Saussaye, secrétaire-adjoint de la Société de l'Histoire de Normandie. Il s'acquitta de ce labeur long et difficile de revision avec un soin et une compétence au-dessus de tout éloge ; je lui exprime ici toute ma reconnaissance pour l'aide confraternelle qu'il a bien voulu me donner.

Ces notes de M. de Laborde étaient comme les pièces justificatives d'une Histoire de la bibliothèque de la cathédrale, dont l'auteur, nous l'avons dit, n'avait tracé qu'une esquisse inachevée sur plusieurs points. Il l'avait provisoirement divisée en trois parties : 1° Bibliothèque de la cathédrale de Rouen ; 2° Dons, legs et acquisitions ; 3° Le portail des Libraires et les commencements de l'imprimerie à Rouen. Dans sa pensée, la 2° partie devait s'amalgamer avec la 1re, comme l'indiquent les mots « à intercaler » écrits en tête des Dons et legs ; cependant nous les avons maintenues distinctes, à cause de la difficulté de fondre le texte et les notes dans un chapitre unique.

De plus, dans l'esquisse historique, il y avait des mots laissés en blanc et des phrases à compléter, certaines allégations à rectifier ; nous l'avons fait. Les notes, d'ailleurs en petit nombre, que nous avons cru devoir ajouter, et quelques-uns des extraits des délibérations capitulaires qui avaient échappé à M. de Laborde, sont placés entre des crochets ; il sera aisé de les reconnaître.

Des lacunes assez étendues se rencontrent à certaines pages, notamment en ce qui concerne la bibliothèque au XVIIe siècle, les commencements de l'imprimerie à Rouen et en Normandie. Nous ne pouvions avoir la témérité de tenter de les combler et de substituer notre prose à celle de M. de Laborde ; nous nous sommes contenté d'indiquer ces diverses lacunes par des points

Quelle qu'elle soit, cette esquisse historique, très développée sur certains points essentiels, renferme une foule d'aperçus intéressants et nouveaux, des réflexions et des observations très personnelles, et l'on y retrouve, presque à chaque page, ce sentiment artistique si élevé et si délicat qui est comme la caractéristique des écrits de Léon de Laborde.

C'est un bien agréable devoir pour nous d'adresser, en terminant, à M. le comte Alexandre de Laborde, l'expression de notre gratitude pour l'honneur qu'il nous a fait en nous associant à lui pour la publication de cette œuvre posthume, qui, nous en avons la certitude, accroîtra la somme des services que son père, M. Léon de Laborde, a rendus à la science et à l'histoire de l'art français.

Le Chanoine PORÉE.

PRÉFACE

> La Bibliothèque de cette église fut fondée et instituée pour l'usage de tous.
> *Décision capitulaire du 20 septembre 1439.*

Il appartenait à la ville de Rouen, au centre de cette heureuse et intelligente Normandie, de fonder la plus ancienne bibliothèque publique de notre France, de l'entourer des soins les mieux appropriés à sa destination, et enfin, ce qui dans notre pays, triste modèle d'instabilité, n'est pas le moindre de ses mérites, de la conserver avec respect et sollicitude.

C'est presque exclusivement dans les archives que

j'ai puisé les éléments de cette histoire. Les livres n'apprennent plus rien ; ils ont été lus et relus, extraits et compilés ; aujourd'hui, c'est dans les archives (1), dépôts trop négligés où se cache la vie intime de l'histoire, qu'il faut chercher les éclaircissements qui nous manquent. En lisant jour par jour, séance par séance, les registres capitulaires de la cathédrale de Rouen, il m'a semblé souvent que j'étais assis au milieu de ces bons et avisés chanoines, que je discutais avec eux, paternellement, de leurs intérêts, et que dans ces petits détails de ménage, je m'associais à leur sollicitude pour l'administration de leur église et le soin des pauvres.

Tantôt, je m'opposais, avec leur indignation, à l'expulsion d'une pauvre vieille qui gagnait son pain à la porte de l'église ; tantôt, je faisais remise de quelques quartiers à un locataire trop misérable pour payer. A la vérité, lorsqu'on me convoque pour me consulter sur le sort d'une jeune fille retenue en prison, je ne me contente pas de protester par mon absence, et à une seconde convocation, il ne me suffit pas de l'avertir charitablement qu'elle doit remettre son sort à l'Église et à l'Université de Paris, car j'ai tremblé en lisant ce résumé de la délibération, écrit le 14 avril 1431 (2), à quelques pas de cette jeune fille, et non

---

(1) En 1829, M. Auguste Le Prevost (*Mémoire sur Alain Blanchard*, Rouen, 1829) disait : « Nos archives municipales sont encore une mine intacte et vierge. »

(2) Archives de la Seine-Inférieure, G. 2126, fol. 98 r°. *De peticione domini Belvacensis.* (14 avril 1431 (n. s.) Pâques le 1er avril en 1431.) Anno et die predictis, prefati domini, insequendo conclusionem die hesterna in capitulo captam, evocati pro deliberando super materia per reverendum in Xpo patrem et dominum episcopum Belvacensem in dicto capitulo proposita et aperta, matura deliberacione inter eos habita, per majorem partem vocum concluserunt quod primitus et ante omnia asser-

loin de sa prison. Cette *certaine femme*, c'est Jeanne la Pucelle ; cette prison, une infamie, et ce conseil charitable, une misérable et trop insuffisante protestation, quand je vois, à quelques jours de là, la sainte héroïne monter sur le bûcher, et s'écrier du milieu des flammes : « Rouen, j'ai grand'peur que tu n'aies à souffrir de ma mort ! »

Ce jour-là, j'ai fermé le livre, et je suis descendu dans la cathédrale ; j'avais besoin de revoir le tombeau de Bedford pour être certain que Rouen était alors une ville anglaise, et que sa population n'était pas libre.

Les archives communales présentent un tableau différent et sont d'un autre intérêt.

Je n'ai pas trouvé dans les archives départementales ce que je m'en étais promis ; je dois, sans doute, attribuer mes mécomptes à la rapidité de mes recherches.

Ceux qui poursuivent dans les archives de semblables travaux savent ce qu'ils ont de pénible dans leur accomplissement, ce qu'ils offrent d'ingrat dans leur résultat. Je n'ai cependant pas à me plaindre de mes recherches spéciales ; en suivant résolument la détermination que j'avais prise de ne pas me laisser détourner par des sujets d'une portée supérieure, ou d'un intérêt plus général, j'ai pu former un ensemble,

---

ciones per quamdam mulierem in carceribus detentam, de qua in dicta materia fit mencio, asserte eidem in galico exponantur, et quod caritative moneatur de submictendo se disposicioni ecclesie, et eciam, ad finem quod salubrius possint dare consilium super premissis, quod dicta materia per almam universitatem Parisiensem, maxime per theologos et juristas, consulatur et visitetur, et quod dicte universitatis deliberacio in capitulo videatur antequam super premissis per capitulum deliberetur.

et, pour le tableau que je méditais, j'ai trouvé toutes les couleurs que je pouvais employer.

Une juste réserve imposait à ses savants de laisser à un autre le soin de raconter l'un de ses titres de gloire, et si je l'entreprends, c'est que, demi-enfant de la Normandie, je pense d'elle tout le bien qu'elle mérite, et j'ai le droit de dire tout ce que j'en pense.

Dans ce court chapitre sur la cathédrale de Rouen et son histoire, j'ai dû consulter tous les auteurs qui ont écrit sur l'histoire de la Normandie (1), l'histoire de Rouen (2), l'histoire des archevêques (3), et la description de l'édifice lui-même (4). Tous ils m'ont fourni des éclaircissements dans mes doutes, des renseignements dans mon ignorance ; c'est à eux que je dois

---

(1) Orderic Vital, *Historia ecclesiastica*; *Chronicon Henrici V*, ms. latin 6240 de la Bibliothèque nationale ; Enguerran de Monstrelet, *Chroniques*, Paris, 1572, 2 vol. in-fol. ; De Barante, *Histoire des ducs de Bourgogne* ; Bréquigny, *Chartes normandes* ; Rymer, *Fœdera, conventiones, acta publica*, London, 1816-30, 3 vol. in-fol.

(2) Farin, *Histoire de la ville de Rouen*, Rouen, 1710, 3 vol. in-12 ; Fred. Madden, *Siège de Rouen (1418)*, extrait de l'*Archæologia*, tom. XXI et XXII ; ce poème a été traduit par M. Pottier ; Belbeuf, *Dissertation sur la place du Vieux-marché*, dans les *Notices et extraits des mss. de la Bibliothèque du Roi*, tom. III, 1790, in-4° ; M. Chéruel, *Histoire de Rouen sous la domination anglaise au XVe siècle*, Rouen, 1840, in-8° ; Th. Licquet, *Rouen, son histoire et ses monumens*, Rouen, 1842, in-18°.

(3) D. Pommeraye, *Histoire des archevêques de Rouen*, Rouen, 1667, in-fol.

(4) D. Pommeraye, *Histoire de l'église cathédrale de Rouen*, Rouen, 1686, in-4° ; A. Deville, *Tombeaux de la cathédrale*, Rouen, 1837, in-8° ; Gilbert, *Description historique de la cathédrale de Rouen*, 1837, in-8° ; Langlois, *Essai sur la peinture sur verre*, Rouen, 1832, in-8° ; Langlois, *Stalles de la cathédrale de Rouen*, Rouen, 1838, in-8°.

d'avoir pu coordonner et commenter les extraits que j'ai faits dans les archives départementales et communales.

Première partie.

Bibliothèque de la cathédrale de Rouen.

Lorsque Rome étendit jusqu'aux rives de l'Océan sa domination gigantesque, Rouen existait, sans doute ; sa position avait été déjà choisie pour y grouper quelques habitations et former ce faible et premier commencement d'une des plus grandes cités ; mais cette ville était alors de bien peu d'importance, puisque César ne daigne pas en faire mention. Pomponius Mela, dans sa Géographie, omet également son nom ; c'est dans Ptolémée (1) que nous trouvons, pour la première fois, le nom de Rotomagus (2).

Rouen était alors un poste militaire ; il devint un centre d'activité commerciale et civilisatrice. Des évêques, propagateurs de la foi, choisirent cette ville pour en faire le point de départ et le foyer de leurs pieuses entreprises, et dès le IIIe siècle, on vit la croix d'abord

---

(1) Ptolémée, *Geographia*, lib. II, cap. 8.
(2) Sur l'étymologie de ce nom et de celui de Rouen, je renvoie à M. Th. Licquet qui, dans ses *Recherches sur l'histoire religieuse, morale et littéraire de Rouen depuis les premiers temps jusqu'à Rollon* (Rouen, 1826, in-8°, brochure de 32 pages), a résumé plusieurs opinions dont la plus plausible me semble appartenir à mon aimable collègue, M. Auguste Le Prevost, qui fait dériver Rotomagus de *Rot*, mot celtique qui signifie rivière, et de *Mag*, ville : *Rotmag*, ville sur le bord d'un fleuve. Cette étymologie se retrouve dans plusieurs lieux au bord de la Seine, tels que *Rotobeccus*, *Rotoialum*, *Rodolium* (p. 3).

dressée sur la ville, en sortir bientôt, et chaque jour planter plus avant dans le pays le signe pacifique de ses conquêtes.

Saint Nicaise (1) et saint Mellon (2) furent, avant la fin du IIIe siècle, les premiers apôtres de la Normandie; ils soumirent facilement à leur douce domination ces populations paisibles qui prirent plus tard pour emblème, et placèrent dans leurs armoiries, le faible agneau pascal portant la croix.

Saint Mellon avait fondé une chapelle et l'avait dédiée à la Vierge. A la place de ce modeste sanctuaire s'éleva une église; puis, des augmentations successives (3) en firent un temple digne de Dieu et de la piété des habitants de Rouen. Une foule de monastères se groupèrent autour de la nouvelle église, et dans les environs, il sortit pour ainsi dire de terre des asiles de prière dont il suffira de citer les plus célèbres, Fontenelle, Jumièges, etc.

A une époque aussi reculée, demander quel était l'état de l'instruction, quelle pouvait être la composition des bibliothèques, serait mal connaître l'histoire littéraire de notre pays. On sait que ces temps laissaient aux institutions trop peu de stabilité, aux hommes trop peu de loisir pour que des collections pussent se former, et pour que des lecteurs pussent y affluer. Cepen-

---

(1) *Annales Baronii*, tom. I, p. 729.
(2) Seconde moitié du IIIe siècle.
(3) Il est inutile de dire plus; il serait aventureux de décrire davantage. La fondation par S. Mellon d'une chapelle dédiée à la Vierge n'est pas douteuse; mais, de cette date à la fin du Xe siècle, nous ne connaîtrons l'existence d'une cathédrale que par les ravages qu'elle eut à souffrir. Il est probable qu'elle fut agrandie, embellie, et qu'à l'époque du baptême de Rollon (911), elle était digne de cette importante cérémonie.

dant, au milieu de la ville, la maison de Dieu était un refuge pour tous et pour tout. Là, des hommes pieux conservaient les traditions des sciences, le goût de l'étude, et s'appliquaient à en multiplier les matériaux. Dans une Vie de saint Éloi que Dadon, évêque de Rouen de 641 à 684 (1) et célèbre sous le nom de saint Ouen, adresse aux fidèles de son troupeau (2), après

(1) Je suis la *Gallia christiana*, tom. XI, col. 13 ; Dom Bouquet, tom. IV, p. 32 ; Th. Licquet, p. 38.
(2) [M. de Laborde renvoyait ici le lecteur à la *Vita S. Eligii, auctore Audoeno*. A l'époque où écrivait l'auteur, il était admis sans conteste que c'était bien l'œuvre de saint Ouen. Il a été reconnu depuis que si saint Ouen a écrit une Vie de saint Éloi, le texte que nous possédons n'était qu'une refonte de l'œuvre primitive de saint Ouen, opérée au viiie ou ixe siècle, par un moine de l'abbaye de Saint-Éloi de Noyon. C'est ce qu'a prouvé Bruno Krusch dans son édition de la *Vita Eligii, episcopi Noviomagensis*. Quant au passage cité par M. de Laborde, il n'est pas tiré de la *Vita* elle-même, mais de la *præfatio..... in vitam sancti Eligii*, laquelle est manifestement et exclusivement l'œuvre du moine de Noyon, qui aurait refondu, arrangé et augmenté la rédaction primitive. S'il s'étend plus longuement sur son sujet que ne l'ont fait ceux qui ont écrit avant lui, c'est, dit-il, qu'il n'est pas comme eux *curis obligatus sæcularibus*. Il n'a entrepris son travail que pour obéir aux désirs de ses frères. A des avis destinés au lecteur se joint une recommandation aux futurs copistes. Voici d'ailleurs le passage auquel M. de Laborde a fait allusion. Pag. 663 : « Incipit præfatio Dadonis, Rothomagensis episcopi, in vitam sancti Eligii, episcopi et confessoris. — Pag. 665, « ..... nec enim operis est divinæ doctrinæ sofistice et eloquenter signare sermones, cum scriptum sit : qui sofistice loquitur odibilis est ; non enim est data illi a Domino gratia. Quid enim legentibus nobis diversa grammaticorum argumenta proficiunt, cum videantur potius subvertere quam ædificare ? Quid, inquam, Phytagoras, Socratis, Plato, Aristotilis nobis phylosophando consulunt ? Quid sceleratorum neniæ poetarum, Omeri videlicet, Virgilii et Menandri, legentibus conferunt ? Quid, inquam, Salustius, Erodotus et Livius, gentilium texendo historias, christianæ prosunt familiæ ? Quid Lysias, Grachus, Demostinis et Tullius, arti oratoriæ insistendo, Christi puris atque præclaris possunt comparari doctrinis ? Quid Flacci, Solonii,

les avoir conjurés d'abandonner les pratiques superstitieuses (qui ne se sont que trop maintenues puisqu'elles y règnent encore de nos jours), il leur dit qu'en s'adressant à eux, il ne vient pas s'entourer de vains ornements d'un style élégant ; qu'il préfère être compris, et n'a besoin ni des ouvrages de philosophie de Pythagoras, Socrate, Platon et Aristote, ni des vers d'Horace, de Virgile, de Ménandre, ni des histoires de Salluste, d'Hérodote et de Tite-Live, ni des discours de Lysias, Gracchus, Démosthènes et Cicéron, ni des inventions et des recherches de Flaccus, Solin, Varron, Démocrite, Plaute, et de tant d'autres qu'il serait inutile de nommer.

Quelle que soit la pieuse intention de saint Ouen en traitant avec ce dédain, au moins devant ses ouailles, les chefs-d'œuvre classiques, dont il ne cite, dit-il, qu'un petit nombre, ce n'en est pas moins la preuve qu'il connaissait ces ouvrages et qu'il les lisait. Nous aurions donc là un premier aperçu et un bien ancien catalogue d'une collection de livres formée à Rouen au viie siècle.

Nous n'insisterons pas sur cette conjecture, qui est sans autre portée, dans l'ignorance complète où nous sommes de l'état de cette bibliothèque, de sa situation et de son sort. Nous voyons bien que saint Ouen fit de riches dotations à l'église de Rouen (1), mais là, il

---

Varronis, Democreti, Plauti et Ciceronis aliorumque solertia, quos enumerare supervacuum puto, nostris juvat utilitatibus?.... » *Passiones vitæque sanctorum ævi Merovingici*. — Edidit Bruno Krusch (Hanovre et Leipsig, 1902), dans les *Monumenta Germaniæ historica, Scriptores rerum Merovingicarum*, t. VI, p. 665. — Cf. Vacandard, *Vie de Saint Ouen, évêque de Rouen (641-684)*, 1902, in-8, pp. 20-21, 361-62.]

(1) « Interea summo ardebat studio ut monasteria et loca

n'est plus question de livres ; ce sont des joyaux et des choses de prix qui servirent, après sa mort, au soulagement des indigents dans un temps de famine. Car c'est ainsi que l'Église, intermédiaire entre les pauvres et les riches, rendait à tous ce qu'elle recevait de quelques-uns.

La cathédrale de Rouen devait avoir alors, cependant, ses livres de chœur, riches et magnifiques ; elle avait aussi, comme toutes les autres églises métropolitaines, ses écoles et ses maîtres, dont l'enseignement entraînait l'obligation d'une bibliothèque. Mais nous ignorons à quels généreux donateurs elle devait ses livres, son augmentation progressive ; nous ne savons pas comment ses richesses littéraires furent préservées de la destruction, lors de l'invasion des Normands, à partir de l'année 841 jusqu'en 911, et comment, pendant ces soixante-dix années de dévastation qui avaient pesé autant que deux siècles sur ce malheureux pays, a pu se conserver le précieux dépôt de la science transmis par les générations antérieures (1). Mais nous savons que dans ces temps d'instabilité sociale, prêtres et moines étaient comme les soldats en temps de guerre, prêts à monter en selle. Hommes de paix, au lieu d'at-

---

sanctorum construeret per totas Francorum provincias, maxime in propria diœcesi, ubi plura cœnobia magna et nobilia ex fundamentis construi fecit. Plura autem ex desidia priorum pontificum et abbatum neglecta restauravit. Primo tamen ipsam matrem ecclesiam præ omnibus qui ante eum fuerunt, rebus opimis thesaurisque ditavit. Inter alia vero ornamenta, fecit ibi lectum (table d'autel ou châsse) auro insculptum, ob amorem sanctæ Dei genitricis Mariæ. » Cité par Th. Licquet.

(1) Les sources littéraires ne donnent rien ; ce sont la grande et petite Chronique de Fontenelle, Guillaume de Jumièges, la *Neustria pia*, les Annales de Baronius, les chroniques et annales des abbayes, ressources uniques pour cette époque.

taquer, ils fuyaient, car l'épée allait mal dans leurs mains ; et d'ailleurs, ils fuyaient chargés de précieuses reliques, de vases sacrés, et aussi de richesses littéraires, cherchant un refuge où ils pourraient abriter en sûreté le précieux dépôt, jusqu'à ce que des temps meilleurs leur permissent de le rapporter dans la maison de Dieu qu'ils avaient dû abandonner.

Ce jour se fit longtemps attendre ; il vint enfin. Le roi de France, en abandonnant à un pirate idolâtre la Normandie, fut encore heureux de laisser à la France, de l'autre côté de l'Epte, un grand homme pour allié, et un véritable chrétien dans une ville chrétienne (1).

Avec la paix, la religion et les lettres reprirent leur empire ; la cathédrale rappela son clergé, réunit ses richesses éparses, et demanda au ciel de bénir le premier duc de Normandie, qui ouvrait sa lignée en rétablissant la religion et en reconstruisant les églises. La cathédrale de Rouen fut particulièrement agrandie et richement dotée (2).

En rouvrant ses écoles, en rétablissant la bibliothèque, le chapitre dut travailler à réparer ses pertes et à replacer sa collection au niveau des plus renommées de ce siècle. Dès l'année 1112, sous l'archevêque Geoffroy, nous voyons que sa composition ne le cédait, sous certain rapport, qu'à bien peu de bibliothèques du temps. En ouvrages ecclésiastiques, elle possédait diverses œuvres des Pères de l'Église, saint Augustin, saint Ephrem, saint Grégoire le Grand, l'Héxameron

---

(1) Une des conditions du traité était son baptême ; c'est à cette occasion qu'il prit le nom de Robert.

(2) Richard Ier, dès la fin du xe siècle, l'archevêque Robert son fils, et l'archevêque Maurille, sous Guillaume le Bâtard, présidèrent à cet agrandissement qui fut terminé en 1063. De cet édifice du xie siècle, il ne reste aucun vestige certain.

de saint Ambroise. Les livres suivants formaient un corps d'ouvrages classiques fort recommandable : Homère, Ovide, Virgile, Juvénal, Térence, Cicéron, Boèce, Donat, etc. ; enfin un livre de médecine où les plantes étaient figurées.

Le catalogue est écrit d'une belle main, dans le manuscrit bien connu aujourd'hui sous le nom de Livre d'Ivoire (1). C'est un volume de feuillets de parchemin qui doit sa dénomination aux tablettes sculptées en ivoire qui décorent les plats de sa reliure en bois, garnis de lames de cuivre doré. Il renferme des pièces écrites en caractères romains, cursifs et ronds, du XIe au XVIIIe siècle. De la cathédrale de Rouen, il est passé dans la Bibliothèque publique de cette ville, où il est coté Y. 27.

Cinquante ans plus tard, sous l'archevêque Rotrou nous trouvons une nouvelle liste des livres de la cathédrale. Est-ce l'inventaire total, ou plutôt ne devons-nous voir dans ce nouveau catalogue que la liste des nouvelles acquisitions ? Je pencherais pour cette dernière opinion. Les livres étaient divisés en deux classes : livres de la chapelle ou de chœur, et livres de la bibliothèque. Comme il était alors dans les usages, le catalogue des livres venait après l'inventaire des joyaux et des vêtements, partie également précieuse du trésor d'une église (2).

---

(1) [M. de Laborde reproduisait ce catalogue ; cependant nous ne le donnons pas ici parce qu'on le trouvera dans l'abbé P. Langlois, *Recherches sur les bibliothèques des archevêques et du chapitre de Rouen*, 1853, in-8°, pag. 61 et 62, dans Charles de Linas, *Le trésor et la bibliothèque de l'église métropolitaine de Rouen au XIIe siècle*, p. 3-6 du tirage à part, paru en 1886, et *Catalogue général des manuscrits*, t. I, p. x.]

(2) [Voir ces catalogues dans L. Delisle, *Documents sur les*

Un bénédictionnaire, un graduel...... formaient la part de la chapelle.

Les augmentations apportées à la bibliothèque étaient autrement riches.

Vers le même temps, le chapitre reçut encore les livres de maître B. de Antan.

Ceux de l'archevêque Rotrou qui occupa le siège de Rouen de 1165 à 1183.

Enfin ceux que maître Laurent, archidiacre, donna aussi à l'église.

Tous ces livres étaient enfermés dans une salle attenante à la sacristie. Il est probable que le plus grand nombre put être sauvé, lorsqu'en 1200 un terrible incendie se produisit dans Notre-Dame et détruisit la plus grande partie de ce noble édifice.

La cathédrale de Rouen fut réédifiée, au commencement du XIIIe siècle, sur un autre plan et dans un autre style, mais sur le même emplacement, qu'une tradition déjà longue avait rendu deux fois sacré (1). Dès lors, la cathédrale fut non seulement le centre religieux de la ville, elle fut aussi, par la composition remarquable de son chapitre et par la célébrité de

---

bibliothèques au moyen âge. I. *Bibliothèque de la cathédrale de Rouen au XIIe siècle*, dans *Bibliothèque de l'Ecole des chartes*, IIIe série, tom. Ier, 1849, pag. 216 et 17 ; l'abbé Langlois, *Recherches sur les bibliothèques*, etc., p. 62 à 64 ; Ch. de Linas, *Le trésor et la bibliothèque*, etc., p. 8 à 15, et *Catalogue général des manuscrits*, t. I, p. xi.]

(1) Que la tour Saint-Romain ait encore dans sa base quelques parties anciennes, surtout vers le nord, dans la cour d'Albane, je ne demande pas mieux et j'avoue même que je m'attacherais à ces détails de construction et d'appareil si j'écrivais une histoire et une description de la cathédrale ; mais je ne fais qu'indiquer quelques dates sur l'ensemble de l'édifice pour mieux déterminer l'histoire du portique des Libraires.

ses écoles, le centre éclairé et scientifique de la province.

Rouen avait plusieurs écoles (1), mais celle du chapitre était la plus renommée. En 1436, les salles ne pouvaient plus contenir tous les écoliers ; c'est que les chanoines offraient aux familles le plus de garantie, et à l'instruction, le plan le plus complet. Non seulement le *Trivium* y était enseigné, mais aussi le *Quadrivium* à ceux qui voulaient pousser leur instruction jusqu'à ce complément, alors assez superflu, qui comprenait le calcul, la géométrie, la musique et des notions sommaires d'astronomie.

Comme dans beaucoup de cathédrales, le chapitre avait été organisé d'après la règle monastique (2). Il eut donc, au nord de l'église, son cloître, et sa salle capitulaire. C'est dans ces bâtiments que la bibliothèque était établie.

---

(1) L'école de Saint-Ouen, le collège des Bons-enfants fondé en 1358 par Guillaume de Flavacour, archevêque de Rouen, l'école de la collégiale de Saint-Cande-le-Vieux, qui dépendait de l'évêque de Lisieux. M. Chéruel, dans son ouvrage d'ailleurs fort bon (*Hist. de Rouen sous la domination anglaise*, p. 211), me semble assez injuste envers Rouen et la Normandie quand il trouve le développement intellectuel de Rouen au xve siècle bien faible, parce que la théologie était regardée comme la science suprême, et parce que les ouvrages de Thomas Basin, évêque de Lisieux, sont sans intérêt pour notre temps, et restent ensevelis dans la poussière des bibliothèques. Ces deux raisons ne sont pas bien fortes, et elles pourraient bien accuser M. Chéruel et notre époque, plutôt que la direction des études à Rouen au xve siècle.

(2) [Il serait plus exact de dire qu'à l'origine, les clercs de la cathédrale ou chanoines formaient un corps, et vivaient en communauté dans des maisons attenantes à la cathédrale, qui prirent le nom de cloître des chanoines. Voir D. Pommeraye, *Histoire de l'église cathédrale de Rouen*, p. 176 et suiv.]

La bibliothèque était, comme nous l'avons dit, installée dans les bâtiments capitulaires, au nord de l'église; mais, en 1424, la collection était devenue assez considérable pour qu'on songeât à lui donner un local digne de ses richesses, et propre à l'étude. On décida alors qu'une librairie, ou *studium*, serait construite au-dessus du cellier, c'est-à-dire contre le portail septentrional, à l'extrémité du mur du transept (1).

(1) 1° G. 2123, f° 189 v°, 29 juillet 1424. *De commissariis pro faciendo studium seu librariam.* Ea die, prefati domini, matura deliberacione inter eos habita, deputaverunt prefatos dominos cantorem, thesaurarium, Venderez, Guerini, Marguerie, H. Gorren commissarios, cum magistris operis fabrice hujus ecclesie, pro advisando locum supra celarium capituli aut alibi, ubi visum fuerit expediens et utile, pro faciendo quoddam studium seu unam librariam pro ponendo libros ecclesie pro studendo, vocatis secum operariis hujus ecclesie juratis et expertis, et referendo in capitulo eorum advisamentum.

2° G. 2123, f° 220 v°, 20 octobre 1424. *De libraria.* Ea die, fuerunt commissi domini et magistri H. Gorren, J. Ad Ensem, R. Morelet et G. Fabri ad sollicitandum factum librarie, tum pro emendo ligna necessaria ad construendum dictam librariam, quam querendo artifices, etc.

3° G. 2124, f° 73 v°, 25 août 1425. *De libraria.* Cum alias prefati domini deliberassent construere seu facere fieri unam librariam in hac venerabili ecclesia de pecuniis provenientibus de receptionibus dominorum episcoporum suffraganeorum et alias, ordinaverunt, anno et die infra scriptis (sic), quod si quis vellet accommodare pecunias pro incipiendo dictam librariam, quod per capitulum detur eidem securior obligacio quam fieri poterit de restituendo dictas pecunias.

4° G. 2125, fol. 49 r°, 3 septembre 1427. *De commissariis pro faciendo librariam.* Ea die, prefati domini, cum alias concluserunt in hac presenti Rothomagensi ecclesia, super locum in quo liberatur et ponderatur panis capituli, edificare quamdam librariam pro ponendo libros studii et ibidem in eisdem studendo, commiserunt ad faciendum dictam librariam et ipsam edificandum in loco predicto dominos et magistros Egidium de Campis, J. Ad Ensem, et Guidonem de Bisuncio, vocatis secum operariis juratis et expertis, quorum trium magister Guido de

Quelques difficultés financières retardèrent ce projet, qui n'eut son exécution complète qu'en 1428 (1).

L'architecte avait disposé une vaste salle carrée.... Que les livres étaient donc bien placés sous cette voûte à ogives, dont les nervures allaient se croiser sous une clef délicatement sculptée ! Que l'étude devait être douce au milieu de ce silence ; la lecture engageante dans la lumière de cette grande et élégante fenêtre dont le jour était tempéré par le coloris des vitraux ! De quelque côté que l'attention fatiguée dirigeât la vue, elle la reposait sur quelque détail gracieux, ici sur un enroulement de feuillages, là sur un petit ange formant console. Précieux et unique exemple d'une salle de bibliothèque conservée de nos jours, et qui doit sa construction, sa disposition et tous ses ornements au commencement du XVe siècle. Il suffirait de replacer contre les murs ces élégants pupitres gothiques, sorte de dressoirs qui présentaient les livres couchés à plat, richement ornés, soit que fermés, ils montrassent leurs élégantes reliures, ou bien que grands ouverts, ils développassent aux yeux éblouis leurs pages enluminées de gracieuses peintures dans tout l'éclat de leurs brillantes couleurs. On aurait là la bibliothèque complète du moyen âge. Rouen en a le local, les meubles, les manuscrits ; cette ville a parmi ses savants des hommes

---

Bisuncio recipiet peccunias ad hoc necessarias et eas custodiet et distribuet, prout necesse fuerit, per consilium predictorum aliorum dominorum prenominatorum.

(1) G. 2125, fol. 145 r°, 2 novembre 1428. *Commissarii pro compotis librarie de novo facte.* Anno et die predictis, per prefatos dominos fuerunt commissi et deputati domini et magistri N. de Venderes, J. Guarini, J. de Porta, G. de Baudribosco, G. Fabri, et J. Basset ad audiendum compota misiarum et receptarum factarum occasione librarie de novo in hac Rothomagensi ecclesia constructe.

de goût, fidèlement attachés à la gloire des souvenirs passés, à la conservation et à la restauration de ses monuments. Pouvons-nous craindre qu'un si beau projet ne se réalise pas ? Mais n'anticipons pas ; nous reviendrons sur ce projet si louable, et d'une exécution si facile.

La salle de la bibliothèque, ainsi construite, fut remplie de ses livres, d'abord trop à l'aise, mais dont de généreux donateurs vinrent bientôt presser les rangs. Tant de libéralité pour les livres, tant de zèle pour l'instruction ne doivent point étonner. Le chapitre était vraiment à la hauteur de ces devoirs. Le doyen, Nicolas Oresme, pouvait à lui seul payer d'exemple et stimuler par ses largesses la générosité de ses confrères. Il assistait aux séances du chapitre (1) ; plus tard, lorsqu'il faisait copier avec tant de soin et enluminer avec une si grande magnificence les manuscrits de ses traductions, il les montrait sans doute à ses confrères avant de les présenter à son souverain. Et comment la vue de ces chefs-d'œuvre de calligraphie et de peinture n'aurait-elle pas donné le goût des beaux livres, en

(1) 1° Je le trouve présent au chapitre le 24 octobre 1365, [et à d'autres séances, telle que celle du 22 septembre 1377, où est mentionnée la prestation de serment de Bernard Carit, évêque d'Evreux. (G, 2118, f° 6 r°.)]
2° G. 2115, fol. 43 r°, 24 octobre 1365. *Pro reliquiis ecclesie Scoyarum (Ecouis).* Anno lxv^{to}, die xxiiij octobris, in capitulo isto, existentibus dominis Nicolao Oresme, decano, Vincentio Buffeti, succentore, Bartholomeo Reginaldi, Egidio de Malodiversorio, Hugone de Castanea, Johanne de Pontisara, etc......, dominus Nicolaus Magni, decanus ecclesie Scoyarum, prefatos dominos requisivit, cum alias dudum, de voluntate et assensu eorum, reliquie et alia jocalia ad dictam ecclesiam Scoyarum pertinentia in ista ecclesia, ut inibi tute servarentur, fuissent reposita, et adhuc ibidem maneant in quodam coffro de ferro firmato, quod eisdem dominis placeret ut adhuc ibidem remaneant pro majori securitate ; quam requisicionem exaudiverunt...

inspirant le désir de les garder, ou du moins, d'en avoir des copies?

Le soin des chanoines pour leur bibliothèque se manifesta, dans tout le cours des XIV° et XV° siècles, de différentes manières. C'était, en premier lieu, en l'augmentant, soit par des acquisitions, soit en encourageant les donations ; pourtant, cet encouragement se réduisait à des remerciements, à l'enregistrement du nom du donateur dans l'obituaire, enfin à des prières ; toutes choses qui paraîtraient fort modiques aujourd'hui, mais qui alors étaient très précieuses (1).

Tous les livres qui entraient dans l'ancienne biblio-

(1) 1° G. 2123, fol. 213 r°, 4 octobre 1424. *De libro dato pro missa Beate Marie.* Hac die, coram prefatis dominis comparuit in capitulo dominus Johannes Christiani, capellanus hujus ecclesie et curatus sancti Martini de Quevillon, Rothomagensis diocesis, qui dedit huic ecclesie et effectualiter et manualiter tradidit quemdam librum dictum gradale, notabiliter scriptum et notatum, ad usum misse Beate Marie que cotidie cantatur et celebratur in cappella beate Marie, et propterea predicti domini capitulantes, ad perpetuam rei memoriam, ordinaverunt et voluerunt hoc inscribi hic et in fine aut principio dicti libri, et preterea in marthelogio poni, quod idem cappellanus cum aliis benefactoribus ipsius ecclesie de cetero associetur in oracionibus ejusdem ecclesie.

2° G. 2128, f° 27 r°, 10 avril 1437 (après Pâques). *De biblia data per magistrum Le Dengier.* Anno et die predictis, venerabilis et circumspectus vir magister Le Dengié, in artibus et medicina magister, canonicus Rothomagensis, dedit et assignavit huic Roth. ecclesie quamdam bibliam notabilem incipientem in secundo folio « administrantur agricole », et finientem in penultimo folio « Definicio declinacionis » ; que fuerat sibi data per dominam de Bavariis pro orando pro remedio et salute anime magistri Johannis Le Saunier deffuncti, sub tali condicione tamen quod ipse Le Dengié et dictus Le Saunier sint participes in precibus, elemosinis, oracionibus et aliis benefactis hujus R. ecclesie, et eciam quod, tociens quociens dictus Le Dengié erit acturus de dicta biblia, pro usu suo ipse poterit eam accipere.

thèque portaient sur la garde : *Pro ecclesia Rothomagensi* (1).

Les chanoines considéraient comme un devoir de reconnaissance de laisser à l'église leurs propres livres, qui revenaient ainsi à la bibliothèque du chapitre, avec les livres qu'ils lui avaient empruntés (2).

---

(1) J'ai calqué cette désignation sur le plat de l'ancienne reliure d'un beau Rituel (Bibl. de Rouen, n° Y. 4) (Y. 42 de l'ancien catalogue) écrit sur parchemin d'une belle qualité, à longues lignes, avec grandes initiales remplies par des miniatures. Ce manuscrit avait appartenu, et fut fait sans doute pour l'archevêque de Croismare dont il porte les armes, en premier lieu sur le verso du septième feuillet, au-dessous d'un grand O qui renferme dans ses traits une Adoration des mages, ensuite sur plusieurs autres feuillets et à la fin. Croismare était archevêque en 1483, mais ce volume ne fut pas donné par lui à la Bibliothèque de la cathédrale ; il passa à Georges d'Amboise, son successeur, qui a signé son nom sur la première feuille de garde, et ce n'est qu'en 1505 qu'il fut placé dans la collection du chapitre. On lit à la fin, sur l'une des feuilles de garde : « Ex dono executorum defuncti bone memorie Domini de Croismare, dum viveret archiepiscopi rothomagensis, de bonis executorum ejusdem. Ea die xxvj junii m. v° quinto. P. Andelin. » D'autres volumes avaient appartenu à ce même archevêque et sont aujourd'hui dans la Bibliothèque publique de la ville. Je citerai entre autres un Manuel, n° Y. 19 (Y. 53 de l'ancien catalogue).

(2) 1.° Le chapitre exerçait une surveillance rigoureuse sur ces successions, et ce n'était pas toujours pacifiquement qu'il obtenait des héritiers les legs qui lui étaient faits. Les registres capitulaires de l'année 1479 (v. s.) sont remplis des contestations qui s'élevèrent au sujet des livres de droit civil et canonique laissés au chapitre par le chanoine Laurent Surreau. On alla jusqu'à pousser le fameux cri de *Haro* pour une si mince affaire.

2° [G. 2141, fol. 9 v°, 29 janvier 1479 (1480). *De libris legatis per Surreau.* — Fol. 11 r°, 3 février 1479. *De libris legatis ecclesie per Surreau.* — Fol. 12 v°, 4 février 1479. *De libris legatis per Surreau.* — Fol. 12 v°, 5 février 1479. *De libris predictis.* — Fol. 15 v°, 12 février 1479. *De libris legatis per Surreau.* — Fol. 17 v°, 18 février 1479. *De libris legatis per Surreau.* — Fol. 26 r°, 9 mars 1479. *De libris legatis per Surreau.* — Fol. 27 r°, 11 mars 1479. *De appunctamento cum executoribus*

Leur sollicitude était encore manifestée par l'établissement de statuts qui fixaient l'ordre à maintenir, les

de Surreau, etc. — Fol. 30 v°, 20 mars 1479. *De libris legatis per Surreau.*]

3° G. 2125, fol. 23 v°, 10 mai 1427. *De libris de Ferraguto.* Ea die, prefati domini, deliberacione habita, concluserunt quod certi libri existentes inter libros execucionis deffuncti magistri Johannis de Vado, pertinentes, ut dicitur, heredibus magistri Philippi Ferraguti, non restituentur cuique quam prius fiat informacio quo titulo dicti libri fuerunt traditi dicto de Vado, et hoc poterit fieri per Clementem Grosos, clericum dicti de Vado, et eciam si dictus de Vado tradiderit aliquas pecunias cuidam nuncupato des Deux Espées per manus cujus dictus de Vado habuit quosdam ex libris predictis, et eciam quod magister Nicolaus Caval audiatur, qui alias deliberacioni dictorum librorum se opposuit.

4° G. 2125, fol. 25 v°, 15 mai 1427. Prefati domini concluserunt, anno et die predictis, quod certi libri existentes inter libros execucionis deffuncti magistri Johannis de Vado, pertinentes heredibus deffuncti magistri Philippi Ferraguti, ut dicitur, deliberarentur dictis heredibus, proviso quod ipsi dent caucionem bonam et sufficientem restituendi dictos libros, casu quo eisdem non spectarent, aut saltem quod ipsi tradant decem scuta in manibus justicie que per dominum de Vado, ut fertur, fuerunt tradita dum recepit dictos libros.

5° G. 2125, fol. 58 r° et v°, 6 et 7 octobre 1427. *De libris Ferraguti.* Item, ordinaverunt quod certi libri existentes inter libros execucionis deffuncti magistri Johannis de Vado, pertinentes execucioni deffuncti magistri Philippi Ferraguti, per fratrem dicti Ferraguti magistro Johanni Basseti venditos, eidem Basseti tradantur et deliberentur, proviso quod promittat prefatos dominos reddere indempnes de dictis libris.

6° Item, anno et die predictis, venerabiles et circumspecti viri magistri E. de Campis et G. de Baudribosco in capitulo reddiderunt claves cujusdam camere existentis in domo operis seu fabrice hujus ecclesie, in qua sunt libri execucionis deffuncti magistri Johannis de Vado pertinentes, cum inventario librorum predictorum; quequidem claves et inventarium fuerunt positi in parvo scrinio capituli quo ponuntur regestra et papiri.

7° *De libris de Vado.* Et die sequenti, videlicet septima mensis octobris, per dominos tunc capitulantes fuerunt ordinati et commissi domini et magistri H. Gorren et J. Basset ad perquirendum dictos libros in dicta camera existentes, dicto Basseti vendi

droits des chanoines et les conditions imposées à ceux qui prenaient des livres chez eux, comme à ceux qui

tos, et, ipsis repertis seu inventis, dictus Gorren ad tradendum ipsos, nomine capituli, dicto Basset, et recipiendum ab eo caucionem seu obligacionem a dicto Basset reddendi dictos dominos de capitulo indemphes de dictis libris.

8° G. 2128, fol. 17 v°, 20 février 1436 (1437). *De libris datis per executores deffuncti magistri P. Mauricii.* Anno et die predictis, fuerunt dati commissarii domini et magistri G. de Baudribosco, P. de Clinchamps, et J. Pinchon ad disponendum quo loco in libraria situabuntur libri quos dederunt huic ecclesie executores deffuncti magistri Petri Mauricii, de quibus dicti domini capitulantes dederunt eisdem executoribus quitantiam, consentiendo quod si reperiatur quod aliqui de dictis libris non pertinent dicto Mauricio, mediante informatione debita, dictis executoribus restituantur et tradantur pro tradendo illis quibus reperientur spectare aut pertinere.

9° G. 2128, fol. 112 v°, 11 mars 1437 (1438). *De libris domini cantoris.* Item, domini prefati ordinaverunt quod libri reperti in inventario deffuncti magistri Johannis Bruilloti, cantoris et canonici ecclesie Rothomagensis, et eidem pertinentes, ut dicebatur, certis de causis commoventibus, non vendantur, sed in libraria dicte Rothom. ecclesie ponantur et incathenentur ad finem quod quilibet canonicus possit ibidem studere, et eciam si reperirentur quod pertinerent alteri quam dicto cantori, quod possint restitui.

10° G. 2134, f° 90 v°, 16 janvier 1450 (1451). *De vj libris datis per magistrum Petrum de la Hazardiere.* Dicta die, prefati domini capitulantes ordinaverunt sex libros datos per magistrum Petrum de la Hazardiere poni in libraria, pro quibus fiet memoria quolibet anno pro eodem, die obitus sui, et scribetur in obitario, et eciam fiat de hoc littera executoribus suis.

11° G. 2134, f° 151 v°, 19 février 1451 (1452). *De vj libris datis per magistrum Petrum de la Hazardiere.* Dicta die, fuerunt asportati et dimissi in capitulo vj libri per magistrum Petrum de la Hazardiere, dum vivebat canonicum Rothom., ecclesie Rothomag. dati et legati, ut fiat particeps in benefactis, oracionibus et suffragiis factis et fiendis in ecclesia; quosquidem sex libros prefati domini capitulantes gratanter receperunt, et ordinaverunt ipsum de la Hazardiere et diem obitus sui, qui fuit xxviij julii mccccl°, inscribi in obitario ecclesie, et de ipsis vj libris quitanciam fieri et dari executoribus ejusdem deffuncti.

recevaient une clef de la bibliothèque, et avec elle le droit d'entrer à toute heure (1).

La libéralité des statuts était grande, la largeur dans leur interprétation fut plus grande encore.

A cette époque, il n'y avait pas à proprement parler de bibliothécaire, car il ne faut pas confondre les livres de chœur (2) de la cathédrale, de la sacristie ou

(1) Deux feuillets ont été arrachés, le 14e et le 15e, depuis le 3 janvier jusqu'au 17; ils contenaient, par conséquent, les statuts et règlements du 10 janvier 1428. Copiés par Legendre dans ses pièces à produire n° 10. [Lorsque l'abbé Langlois publia ses *Recherches sur les bibliothèques des archevêques et du chapitre de Rouen*, en 1853, ces statuts avaient disparu; cependant il put en donner le texte dans ses *Nouvelles recherches, etc.*, 1854, pièces justificatives n° 1, et voici comment : « Sans le soin que M. Deville prit de les transcrire il y a environ douze ans, nous serions privés de ce curieux document, que le canif d'un amateur trop passionné d'autographes a subtilement détaché du registre capitulaire » (p. 7). Le larcin aurait donc été commis après 1842.]

(2) 1° G. 2123, fol. 55 r°, 18 août 1422. *De commissariis pro cappis, reliquiis et libris chori.* Scilicet commiserunt et ordinaverunt N. de Venderez, Guidonem Rab[aschier], Johannem Pinchon et Guillelmum le Machecrier predictos ad visitandum cappas, reliquiarum (pour *reliquias*) et libros chori, et se informandum quibus reparacionibus indigeant et referendum.

2° *De commissariis pro aliis libris.* Scilicet, ordinaverunt venerabiles et discretos viros Guidonem de Busco, Guillelmum de Baudribosco et Jacobum Ligatorem ad faciendum inventarium de aliis libris sciencie dicte ecclesie pertinentibus et in capitulo referendum.

3° Je trouve en date du 21 octobre 1404 la contestation suivante entre maître Jacques de Fécamp et le chapitre; j'avoue que je ne comprends ni la susceptibilité de l'un, ni l'importance que l'autre semble attacher à la décision des chanoines réunis en chapitre général. G. 2120, fol. 49 r°, 21 octobre 1404. *De custodia librorum procession[ariorum].* Cum magister Jacobus de Fiscano, succentor et canonicus hujus Rothom. ecclesie, recusaret seu contradiceret custodire seu custodiri facere libros hujus ecclesie vocatos procession[aria], dicens hoc ad se non pertinere; super quo, de consensu dicti magistri Jacobi, ex ordinacione do-

revestiaire (1), avec les livres de la bibliothèque capitulaire. Ceux-là étaient confiés à la garde du trésorier qui en avait la responsabilité, et une responsabilité réelle, établie, en cas de perte, à ses frais (2); aussi

minorum de capitulo hujus ecclesie, solempniter facta fuit informacio et per antiquiores hujus ecclesie, per quam informacionem clare repertum extiterit quod custodia dictorum librorum ad succentorem pertinebat et pertinere debebat. Nunc est quod anno Domini M°. cccc. iiij^{to}, die xxj^a octobris, domini mei decanus et capitulum hujus ecclesie in suo capitulo congregati, capitulo generali adhuc durante, prius per eos visa et audita dicta informacione, concluserunt, nullo reclamante, custodiam dictorum librorum ad succentorem pertinuisse et pertinere, et dominus decanus hujus ecclesie, vice sua et tocius capituli hujus ecclesie, clavem sub qua dicti libri custodiuntur dicto magistro Jacobo succentori tradidit, ut ipse dictos libros custodiat seu custodiri faciat, sicut consuetum est temporibus retroactis; quam clavem ipse magister Jacobus succentor recepit. [On lit, en effet, au f° 167 r° du registre précédent (G. 2119) : « La cédule de ce que doit faire le souchantre... Item, il doit garder ou faire garder à ses despens les livres processionnères et iceulx ataindre et mettre en garde.... »]

4° G. 2130, fol. 62 v°, 9 juillet 1442. *Quedam commissio ad repparandum certos libros*. Anno et die predictis, fuit expositum per magistros Jo. Eudemare et R. Sutoris quod erant libri necessario reparandi et presertim missale Beate Marie; domini ordinaverunt predictos Eudemare et Suttoris commissarios ad allocandum cuidam Coquet librario ad repparandum et ligandum dictos libros.

(1) 1° G. 2123, fol. 188 v°, 26 juillet 1424. *De clausura et libris chori ecclesie R*. Item, ad faciendum clausuram in choro ne alieni vadant seu transeant retro majus altare, et ad faciendum ibidem unum scamnum seu pulpitum pro ponendo libros novos existentes in revestiario seu thesauro, et ad faciendum tres processionarios novos, fuit per dictos dominos commissus magister G. de Baudribosco, et eciam ad solvendum premissa quousque fuerit alias de solucione ordinatum.

2° G. 2127, f° 183 v°, 18 août 1436. *De coopertura missalis*. Item, quod provideatur per predictum Fabri de sufficientibus cooperturis pro missali dicti majoris altaris cicius quod fieri poterit.

(2) 1° G. 2124, fol. 29 r°, 26 février 1424 (1425). *De reves*

les tenait-il sous clef, et il ne devait les prêter que pour le service divin. Mais l'emploi de bibliothécaire, tel que nous le comprenons, n'existait pas et ne pouvait exister pour surveiller une collection presque stagnante. Chaque année, le chapitre nommait un ou deux de ses membres pour surveiller le bon entretien et la garde régulière des livres et les chargeait souvent de renouveler l'inventaire. Quant à l'acquisition de nouveaux manuscrits, à la reliure des anciens, en général aux besoins et dépenses de la bibliothèque, on en référait au chapitre, qui lui-même s'adressait aux membres chargés de la surveillance, et leur adjoignait un ou deux chanoines. La sollicitude du chapitre était infinie et s'étendait à tous les détails (1).

tiario. Ea die fuit injunctum domino Roberto Auber custodi revestiarii hujus ecclesie quod a cetero, absque mandato speciali capituli, non tradat in mutuo vel alias ornamenta, libros aut quecumque alia in sua custodia existencia, sub pena ad voluntatem dicti capituli ordinanda.

2° G. 2130, fol. 188 v°, 2 décembre 1445. *De libro misse Beate Marie*. In capitulo fuit ostensus unus liber coopertus argento et quem assuetum est deferri in missa beate Marie. De quoquidem libro furate fuerant pecie plures de coopertura argenti ipsius. Domini de capitulo concluserunt ipsum librum repparari argento, et quia per culpam et malum regimen domini Roberti Auber, custodis revestiarii et thesauri, hoc factum fuerat, ipsi domini concluserunt quod repparetur expensis dicti domini Roberti Auber.

(1) 1° G. 2131, f° 92 r°, 24 février 1446 (1447). *De deputatis pro inventario librorum faciendo*. Anno et die predictis, domini deputaverunt magistros P. de La Hazardiere et L. Surreau ad faciendum inventarium librorum existencium in libraria ecclesie.

2° Ibid. *De deputatis pro libraria et cathedris*. Anno et die predictis, domini deputaverunt magistros P. de la Hazardiere, G. de Deserto, L. Surreau, et Jo. Bidaut ad advisandum modum per quem libraria perficietur facienda, supplicantes domino nostro Regi pro bosco necessario tam pro libraria quam pro cathedris

Les fenêtres étaient-elles mal closes, les livres mal enchaînés, il nomme une commission qui doit faire un rapport (1). Apprend-il que quelques manuscrits sont en mauvais état, il les fait apporter sur la table, séance tenante (2). Parfois il ordonne la vente de livres dou-

habendo, et eciam quod in utiliori nemore et meliori quam fieri poterit pro minori sumptu capiantur arbores.

3° G. 2131, f° 224 r°, 18 novembre 1448. *De scripturis librorum per Jo. Fiquel.* Anno et die predictis, super requesta Johannis Fiquel, clerici magistri Philiberti Furnerii, domini qui viderunt libros faciant relacionem suam super valore scripture sue et ligature, et fiat sibi satisfaccio.

4° G. 2134, f° 94 v°, 10 février 1450 (1451). *Quod libri cantus retro majus altare et breviarium ante revestiarium reparentur.* Dicta die, prefati domini capitulantes concluserunt quod libri cantus retro majus altare et breviarium prope revestiarium existentes reparentur.

5° G. 2140, f° 218 v°, 23 juillet 1479. *De libro evangeliorum.* Liber ille evangeliorum de quo loquutus est magister Robertus Du Quesnay, visitetur per dominum cantorem ac magistros G. Roussel, R. Perchart et ipsum Du Quesnay, qui inter eos deliberent quid et qualiter pro ejus meliori disposicioni agendum erit in illo.

(1) 1° G. 2127, f° 184 v°, 20 août 1436. *De libris claudendis in libraria sub pena x^{cem} denariorum.* Item, dicti domini concluserunt observare statuta super libraria facta, et eciam ordinaverunt, propter salvacionem librorum in eadem existencium, quod quilibet habens clavem dicte librarie infra diem naturalem teneatur claudere et firmare libros per ipsum apertos qui claudi et firmari poterunt, sub pena decem denariorum turonensium ad usum fabrice obvertendorum, et ad se informandum de libris qui non sunt incathenati, et qui non possunt claudi, et eciam de vitreis que communiter non sunt clause, que possunt nocere dictis libris, fuerunt commissi domini et magistri R. Morelet et Guido de Bisuncio, et referendum in capitulo.

2° G. 2127, f° 185 v°, 22 août 1436. *Commissio pro libraria.* Anno et die suprascriptis, fuerunt commissi predicti magistri R. Morelet et de Bisuncio ad faciendum fieri ea que sunt necessaria in libraria, videlicet de faciendo claudi libros et fenestras.

(2) G. 2131, f° 238 r°, 21 janvier 1448 (1449). *De exhibicione librorum existencium in revestiario.* Dicta die, domini concluserunt quod crastina die exhibeantur prope capitulum certi

bles (1), ou de livres d'un diocèse étranger, en spécifiant que l'argent qui en proviendra sera employé à l'achat de livres destinés à l'usage de l'église et aux dépenses de la bibliothèque (2).

libri dominis qui ipsos videre voluerint, et fuerunt deputati commissarii ad faciendum ipsos asportari magister Jo. Gauffredi et magister Gaudin.

(1) 1° G. 2131, f° 229 v°, 12 décembre 1448. Dicta die, domini concluserunt quod vendantur certi libri antiqui, spectantes capitulo, existentes in [ici une lacune], aut de eisdem tradantur dominis canonicis ipsos petentibus, faciendo cedulam de recepisse.

2° G. 2134, f° 2 r°, 19 juillet 1449. *De libris vendendis.* Dicta die, prefati domini capitulantes concluserunt quod certi libri antiqui de ecclesia existentes et in thesauro ejusdem existentes asportentur in capitulo et vendantur die martis in festum beate Marie Magdalene plus offerenti, et compareant ibi qui voluerint, viri tamen ecclesiastici, sive de ecclesia sive extra[nei].

(2) 1° G. 2119, f° 120 r°, 2 novembre 1399. Ea die, domini predicti concorditer deliberaverunt quod libri existentes in presenti ecclesia qui sunt ad usum ecclesie Auxitanensis vendantur, attento quod pejorantur, quodque gentes domini archiepiscopi Auscitanensis, in civitate Rothomagensi de presenti existentes, volunt eos emere.

2° G. 2119, f° 121 v°, 3 décembre 1399. *De libris Aux[itanensibus].* Ea die, magister Nicolaus Couette, hujus ecclesie canonicus, emit a dominis predictis quinque libros ad usum Auxitanensem qui erant in ista ecclesia, videlicet pro quinquaginta scutis auri, et domini predicti dictos libros eidem magistro Nicolao vendiderunt pro dicto precio; que quinquaginta scuta auri predicta prefatus magister Nicolaus promisit solvere dictis dominis infra festum Nativitatis sancti Johannis Baptiste proximum, obligavit etc. Et domini predicti ordinaverunt quod dicta quinquaginta scuta expendantur in libris pro hac ecclesia et non in alios usus.

Au-dessous, le reçu du paiement, d'une autre encre (6 juillet 1400).

3° G. 2131, f° 265 r°, 14 juin 1448. *Quod libri vendantur.* Dicta die, prefati domini capitulantes ordinaverunt quod vendantur certi libri, videlicet quedam biblia in duobus voluminibus, et alii existentes in alta camera thesauri, pro convertendo in reparatione domus Corneti argentei.

On charge deux chanoines de recevoir les livres provenant d'une donation et de les enchaîner dans la bibliothèque, en ayant soin d'abord de leur faire remettre

4° G. 2134, f° 38, r°, 25 février 1449. *De libris ecclesie vendendis.* Dicta die, prefati domini capitulantes ordinaverunt quod vendantur certi libri in camera alta thesauri et in capitulo existentes, casu quo non erunt necessarii pro ecclesia, et ad ipsos vendendos deputaverunt magistros N. Caval, Philib. Furnerii, P. de la Hazardiere, Jo. Bidault et L. Surreau.

5° G. 2134, f° 98 v°, 12 mars 1450. *Deputati ad examinandum et vendendum certos libros.* Dicta die prefati domini capitulantes deputaverunt magistrum Johannem Deudemare, G. du Désert et L. Surreau ad videndum certos antiquos libros et ipsos vendendum ad commodum capituli ecclesie.

6° G. 2134, f° 154 v°, 13 mars 1451 (1452), *De obitu magistri Petri de la Hazardiere.* Dicta die lune xiij^{cia} marcii, conclusum fuit per prefatos dominos capitulantes quod scribatur in obitario ecclesie dies obitus magistri Petri de la Hazardiere, qui fuit xxviij^a julii, doctoris in theologia, subdyaconi domini Nicolai pape quarti, qui legavit ecclesie Rothomagensi vij^{tem} volumina librorum, pro suo anniversario et participando oracionibus et benefactis ecclesie.

7° Item, dicta die, concluserunt prefati domini capitulantes quod quedam biblia inter dictos libros existens in parvo volumine vendatur plus offerenti pro faciendo alios libros incathenari et ordinari in libraria ecclesie.

8° G. 2134, f° 161 r°, 21 avril 1452. *De biblia vendenda.* Dicta die, domini prefati capitulantes ordinaverunt quod biblia data per magistrum Petrum de la Hazardiere capitulo, vendatur, et deputaverunt magistrum L. Surreau ad faciendum cathenari alios libros.

9° Ibid., f° 162 r°, 26 avril 1452. *De biblia magistri Petri de la Hazardiere.* Dicta die, biblia data per magistrum Petrum de la Hazardiere fuit vendita magistro Jo. Gauffridi precio xiiij scutorum auri. Solvit magistro Laurencio Surreau.

10° G. 2134, f° 165 r°, 10 mai 1452. *De biblia vendenda.* Dicta die, biblia capituli posita ad precium per magistrum Jo. Fabri ad xxx^{ta} scuta auri fuit eidem Fabri, tanquam plus offerenti ac ordinacione capituli deliberata. Solvit magistro Laurencio Surreau.

11° *De textu Decreti.* Et similiter textus Decreti per ipsum Fabri ad decem scuta auri [positus,] fuit sibi pro dicto precio deliberatus tanquam ultimo incariatori.

12° *De glosa Johannis Andrieu.* Glosa Johannis Andrieu fuit

les fermoirs, et de les faire relier, s'ils en ont besoin (1).

Un autre a la commission de revoir deux antiphonaires et de les corriger (2).

Ce qui remplaçait le bibliothécaire, au moins dans cette partie de ses fonctions qui consiste, de nos jours, à communiquer les livres, c'était la clef même de la bibliothèque qu'on prêtait au lecteur. Ceci demande quelques mots d'explication, car la mesure est si libérale qu'elle semble une preuve d'insouciance, un indice de la négligence avec laquelle ce dépôt aurait été administré. Il importe donc de bien connaître les mo-

deliberata magistro L. Surreau precio vij^{l}x^s tanquam ultimo incariatori.

13° *De epistolis Pauli.* Epistole beati Pauli fuerunt deliberate magistro Jo. Gauffridi ad xl^s. Solvit dicto magistro Laurencio Surreau.

(1) 1° G. 2130, f° 198 v°; 18 novembre 1444. *De libri[s] qui provenerunt a domino Lexoviensi episcopo.* Domini ordinaverunt quod libri provenientes de domino Cauchon, Lexoviensi episcopo defuncto, applicentur et incathenarentur in libraria ecclesie. Sed prius claudentur et repparentur, et ad hoc faciendum ac applicandum commiserunt magistros Johannem Deudemare et Petrum de la Hazardiere.

2° G. 2131, f° 91 v°, 22 février 1446 (1447). *Deputacio pro libris reparandis.* Anno et die predictis, prout michi retulit magister R. Morelet presidens, quia absens eram, conclusum fuit per dominos quod libri revestiarii, videlicet Catholicon Hug... et alii libri repparentur et incathenarentur, et ad hoc faciendum fuerunt deputati Ro. Sutoris et Jo. Deudemare.

(2) G. 2134, f° 38 v°, 26 février 1449 (1450). *Deputacio ad visitandum nova antiphonaria.* Dicta die, prefati domini capitulantes deputaverunt magistrum Johannem Quatreul ad visitandum, seu per duos capellanos ecclesie visitari faciendum, duo antiphonaria nova ecclesie, ipsosque *(sic)* corrigendum.

G. 2134, f° 39 v°, 4 mars 1449 (1450). *Deputacio ad correccionem librorum.* Dicta die conclusum fuit per dominos capitulantes quod magister Johannes Quatreul, et capellani deputati ad correccionem librorum chori ecclesie novorum, habeant vinum laborando.

tifs qui ont guidé les ecclésiastiques au moyen âge pour comprendre qu'il n'y avait là rien que de sage.

Nous avons dit que les manuscrits étaient couchés à plat sur des pupitres à hauteur d'homme, et qu'ils étaient enchaînés à leur place. On sait que le monde érudit était alors fort restreint ; que les manuscrits n'étaient pas très nombreux, et qu'ils portaient leur titre sur le plat de la reliure. Un lecteur entrait, et après avoir promené ses regards sur les différents manuscrits, il s'arrêtait devant celui qui devait l'intéresser, approchait un escabeau, et chaque jour revenait se mettre à la même place et poursuivre sa lecture. Qu'eût donc pu faire un bibliothécaire au milieu de sa collection ? C'eût été tout simplement un gardien préposé à la défense des manuscrits contre les enlèvements du volume entier ou les lacérations de ses pages. Ce rôle était indigne d'un chanoine, et d'ailleurs assez inutile après le soin qu'on avait de ne prêter les clefs qu'à des personnes notables et connues. On n'exigeait d'elles qu'un serment (1) qui leur imposait l'obligation de se conformer aux statuts de la bibliothèque, et cette obligation n'était pas rigoureuse ; il s'agissait seulement, non pas, comme de nos jours, de remettre les livres à leur place, — ils y étaient enchaînés, — mais de refermer soigneusement ceux qu'on avait ouverts (2), et, en sortant, de refermer la porte après soi (3).

(1) Proviso quod prestent juramentum habentibus claves dicte librarie prestari ordinatum et per ipsos prestari solitum. Reg. capit., 27 mars 1436 (1437). G. 2128, f° 25 v°. Voir note (2) 1°, p. 39.

(2) Claudere et firmare libros per ipsum apertos. Reg. capit., 20 août 1436. G. 2127, f° 184 v°. Cette délibération a été citée *in extenso* note (1) 1°, p. 34.

(3) Tenebitur dictam librariam claudere dum ab eodem exierit. Reg. capit., 1er mai 1439. G. 2129, f° 21 v°.

En second lieu, en rendant leur bibliothèque d'autant plus utile qu'elle profitait à tout le monde, leur libéralité n'avait pas de bornes. Dans les statuts, il avait été décidé que la bibliothèque serait à la disposition de tous, mais que les clefs seraient accordées aux chanoines seulement (1). En 1439, on étendit ce privilège à *tout homme notable* qui en exprimerait le désir (2),

(1) G. 2128, f° 25 v°, 27 mars 1436 (1437). *De clavibus librarie.* Item, prefati domini, certis de causis eos movenlibus, ordinaverunt quod claves librarie tradantur venerabilibus viris magistris Johanni Perier, Johanni Pigache, Egydio Loyson, Ricardo Labuffe, Johanni de Eudemare, in artibus magistris, Rodulpho de Carvilla et Petro Pigache, presbyteris in hac Rothom. ecclesia beneficiatis, tamen sumptibus suis, ad finem quod ibi possint prodesse et studere, proviso quod prestent juramentum habentibus claves dicte librarie prestari ordinatum et per ipsos prestari solitum. Cui ordinacioni se opposuit venerabilis vir magister Johannes Pinchon, canonicus Rothomagensis, dicendo quod dicta ordinacio erat contra statutum super dicta libraria factum.

(2) 1° G. 2129, f° 48 v°, 20 août 1439. *De libraria.* Item, prefati domini considerantes quod libraria hujus ecclesie fuit facta et instituta ut possit pluribus prodesse, et eciam quoddam statutum aut statuta dicte librarie contentum, quod eisdem dominis videbatur nimis strictum, videlicet quod solis dominis de capitulo claves librarie dentur, post maturam deliberacionem inter eos habitam, dictum statutum modificaverunt in modum qui sequitur, videlicet quod a cetero claves dicte librarie, non obstante dicto statuto, per capitulum concedentur notabilibus viris eas petentibus, sicut sunt domini et magistri Johannes Fabri, penitenciarius domini archiepiscopi, quamdiu officium penitenciarii exercebit, Symon de Plumetot, Guillelmus Ducis, et Ricardus de Gruchet, et eciam capellanis hujus ecclesie sufficientibus et in dicta libraria verisimiliter proficere valentibus, dum tamen ipsi dictas claves pecierent, sub hac condicione tamen quod ipsi qui recipient claves hujusmodi tenebuntur constituciones pro conservacione dicte librarie factas tenere et observare et ipsas jurare.

2° G. 2129, f° 50 v°, 25 août 1439. *De fratre Johanne Fabri, penitenciario domini archiepiscopi.* Anno et die predictis, frater Johannes Fabri, penitenciarius reverendissimi in X° patris ac domini domini L. de Lucemburgo, archiepiscopi Rothomagensis, Francie cancellarii, comparuit in capitulo et juravit

et les demandes ne se firent pas attendre (1). Le chapitre entier était appelé à délibérer et à voter sur chaque nouvelle requête (2); je n'ai pas vu qu'il en ait repoussé une seule (3), n'exigeant, après les condi-

juramenta librarie per dominos canonicos jurari solita, mediante quo domini capitulantes voluerunt clavem librarie sibi tradi, et quod ipse eam habeat quamdiu officium penitenciarii exercebit.

(1) 22 août 1430, on récapitule les noms de ceux qui possèdent les clefs de la bibliothèque; ils sont dix-sept.

(2) G. 2128, f° 59 v°, 14 septembre 1437. *De libraria*. Anno et die predictis, fuit conclusum quod omnes convocarentur die lune proxima super facto clavis librarie quam petit magister Johannes Perier.

(3) 1° G. 2129, f° 21 r°, 1ᵉʳ mai 1439. Item, prefati domini ordinaverunt quod quilibet ipsorum possit aperire librariam hujus ecclesie magistro Johanni Fabri, penitenciario domini archiepiscopi Rothomagensis, tociens quociens ipse pecierit, et quod possit remanere solus in libraria, non obstante statuto librarie, et tenebitur librariam claudere dum ab eadem exierit.

2° G. 2130, f° 202 r°, 14 janvier 1444. *De clave librarie*. Magister Michael Suttoris attulit in capitulo clavem librarie, prout sibi mandatum fuerat, et, eam tradendo, supplicavit ipsam clavem sibi adhuc per dominos concedere *(sic)*; domini super hoc deliberaverunt et concluserunt quod magister Johannes Fabri, qui requisiverat eam habere, faciat componere unam novam et postmodum restituatur dicto magistro Michaeli Suttoris, concedentes eidem Suttoris illam clavem.

3° G. 2130, f° 183 v°, 15 mai 1444. *De magistro Hectore petente clavem librarie*. Eadem die, super facto supplicationis magistri Hectoris de Coquerel petentis habere clavem librarie ecclesie pro studendo ibidem, ipso existente in hac civitate, domini voluerunt et dispensaverunt dominum succentorem de tradendo clavem suam dicto magistro Hectori; ita quod, dum et quando dictus magister Hector recederit ab hac civitate, dictam clavem tenebitur eidem succentori restituere.

4° G. 2130, f° 235 r° (dernier feuillet du registre, sans date). *Nota de clavibus librarie concessis aliis quam canonicis*. Domini concesserunt clavem librarie predicte magistro Michaeli Suttoris, die xxjᵃ decembris qua restitus fuit ad capellam Sanctorum Innocencium, anno domini Mᵒccccᵒxliijᵉⁱᵒ, usque ad beneplacitum et non alias. Restituit dictam clavem per mandatum dominorum de capitulo in mense marcii (?)

5° Item, domini concesserunt clavem magistro Johanni de

Gouvys, contemplacione domini episcopi Baiocensis et ejusdem Gouvys, usque ad beneplacitum.

6° Item, domini concesserunt magistro Hectori de Coquerel, decano Lexoviensi, ut dum ipse fuerit in hac villa Rothom. quod habeat clavem in manibus dicti domini succentoris, et solum usque ad beneplacitum.

7° G. 2131, f° 136 v°, 9 septembre 1447. Anno et die predictis, clavis librarie quam habebat magister R. de Hangest, de concessu ipsius fuit tradita ma. Jo. Quatreul, et fuit contentus idem de Hangest quod non habeat amodo hujus modi clavem.

8° G. 2131, f° 208 r°, 21 août 1448. *Claves librarie concesse.* Anno et die predictis, concessum fuit quod magister N. Decano et magister Gaudin habeant claves librarie.

9° C. 2131, f° 244 v°, 17 février 1448 (1449). *De simili pro G. de Castillon.* Dicta eciam die, magister Guillelmus de Castillone, canonicus, requisivit habere unam clavem de dicta libraria, que fuit per dictos dominos sibi tradi concessa.

10° G. 2131, f° 244 v°, 17 février 1448 (1449). *De clavi librarie pro magistro Petro Boyvin.* Dicta die, prefati domini capitulantes ordinaverunt et consenserunt quod magister Petrus Boyvin, vicegerens domini penitenciarii domini archiepiscopi, habeat unam clavem studii seu librarie ecclesie.

11° G. 2134, f° 3 r°, 30 juillet 1449. *De clave librarie.* Dicta die, prefati domini capitulantes ordinaverunt quod magister Jo. Fabri, canonicus, habeat unam clavem de libraria.

12° G. 2134, f° 81 r°, 17 novembre 1450. *Concessio unius clavis librarie.* Dicta die, prefati domini capitulantes concesserunt magistro Guillelmo Roussel unam clavem librarie pro magistro Johanne Blondel, doctore.

13° G. 2134, f° 110 v°, 26 mai 1451. *De clavi librarie tradenda.* Dicta die, domini capitulantes consenserunt quod magister Le Machecrier accommodet magistro [une lacune] clavem librarie usque ad synodum proximum venientem.

14° G. 2137, f° 102 v°, 20 février 1466 (1467). *De clave librarie.* Ordinatum fuit quod venerabilis magister Rogerus de Tournebu, doctor, et Michael Petit, bacalaurius in theologia, possint accommodare alicui de dominis clavem librarie pro ibidem aliquando studendo, et illam restituant; non tamen poterunt fieri facere aliam novam clavem.

15° Ibid. *De libris.* Quod nonnulli libri juris vendantur plus offerenti, et de pecuniis provenientibus satisfaciet fabrice super his in quibus capitulum tenetur.

16° G. 2140, f° 229 v°, 2 septembre 1479. *De clave librarie.* Item, fuit dictum quod unicuique de dominis canonicis qui clavem librarie habere voluerit, illa pro legitimo precio tradatur et

tions de moralité, que la résidence dans la ville (1).

De temps à autre, plutôt qu'à époques fixes, on exigeait de tous ceux qui avaient les clefs de les représenter au chapitre, aussi bien les chanoines que les étrangers (2), et on les leur accordait de nouveau sans

expediatur; nemini tamen extraneo sine licentia et auctoritate capituli communicetur, juxta traditionem et prohibitionem statutorum. Verum, aperto de statutis olim pro facto communicacionis librarie ecclesie factis et editis, videlicet [an] illa servarentur aut mutarentur, quoniam aliqua eorum visa sunt apud aliquos rigorosa, nichil fuit super hoc pro hac vice conclusum, sed alias deliberabitur.

17° G. 2141, f° 36 v°, 7 avril 1480 (post Pascha). *De clave librarie pro mag. L. de Groussy*. Item, cum magister Jo. de Atrio, canonicus Rothom., pro et nomine magistri Ludovici de Groussy, advocati curie Rothomagensis, supplicavit clavem librarie hujus ecclesie eidem de Groussy per dominos prefatos graciose communicari; iidem domini, intuitu meritorum ejusdem de Groussy, annuerunt quod ipsi de Groussy clavis hujus modi communicetur, dummodo ipse in propria [persona] veniat propterea supplicacionem facturus et statuta ordinaria auditurus.

18° G. 2141, f° 252 v°, 8 octobre 1482. *De clave librarie mutuata*. Item, consenserunt clavem librarie hujus ecclesie communicari illi theologo magistro Joanni Raoulin, ut inibi studere et proficere valeat.

(1) G. 2130, f° 183 v°, 18 mai 1444. *De magistro Hectore petente clavem librarie*. Et quando magister Hector recederit ab hac civitate, dictam clavem tenebitur restituere.... Voir note (3) 3°, p. 40.

(2) 1° G. 2126, f° 120 v°, 24 août 1431. *De clavibus librarie*. Item, die xxiiij^{ta} mensis augusti, prefati domini ordinaverunt quod claves librarie die martis proxima in capitulo exhibeantur et ostendantur, juxta statutum super hoc factum.

2° G. 2129, f° 49 r°, 21 août 1439. *De clavibus librarie*. Anno et die predictis, prefati domini concluserunt quod domini canonici qui habent claves librarie die crastina exhibeant et ostendant [eas] in capitulo.

3° Ibid., 22 août 1439. *De clavibus librarie*. Insequendo conclusionem die hesterna factam, plures domini canonici hujus ecclesie, quorum nomina in penultimo folio hujus libri scribuntur, in capitulo exhibuerunt et ostenderunt claves librarie. [Cette liste se trouve au f° 182 v° : Exhibicio clavium librarie fuit facta

difficulté ; c'était une mesure d'ordre sagement établie.

La libéralité du chapitre s'étendait plus loin encore : il accordait le prêt de ses livres au dehors pour la lecture et la copie, à une seule condition bien naturelle et bien simple, de restituer le volume prêté. Moyennant cette garantie de bonne foi, on enregistrait le prêt sur le registre capitulaire, en indiquant le titre du volume, sa condition extérieure, les premiers mots du commencement, les derniers de la fin, avec le nom de l'emprun-

---

in capitulo generali, anno domini millesimo iiijc^oxxxix^o die xxij augusti per dominos infra scriptos : (Suivent 17 noms en colonne; mais l'un d'eux est répété deux fois).]

4° G. 2129, f° 50 r°, 24 août 1439. *De clavibus librarie.* Anno et die predictis, prefati domini ordinaverunt quod non obstante statuto alias facto quod quater in anno claves librarie in capitulo ostendantur et exhibeantur, ordinaverunt *(sic)* et concluserunt quod semel in anno, videlicet in capitulo generali, dicte claves asportentur et exhibeantur pro tempore futuro.

5° G. 2129, f° 137 r°; 13 mars 1440 (1441). Anno et die predictis, prefati domini concluserunt quod tociens quociens magister Robertus Poutrel, Egidius Loyson et Petrus Sutoris, aut aliquis ipsorum petet clavem librarie, quod quilibet canonicus possit eisdem et cuilibet ipsorum ipsam aperire, et ipsos in dicta libraria dimittere, proviso quod ipsi jurabunt quod ipsi in dicta libraria non facient aliquod malum.

6° G. 2131, f° 49 v°, 22 août 1446. *De clavibus librarie asportandis.* Anno et die predictis, domini concluserunt claves librarie per dominos custodie fore asportandas.

7° G. 2131, f° 136 v°, 9 septembre 1447. *Exhibicio clavium librarie capituli.* Anno et die predictis, domini exhibuerunt claves librarie, exceptis magistro Philippo de Rosa, thesaurario, M. Marguerie, archidiacono Parvi Caleti, mag. Jo. Gouvis qui non erant in capitulo; magister vero N. de Atrio, Alb. Piquenot et Ric. Oliverii non habent claves quia noviter venerunt.

8° G. 2144, f° 313 v°, 30 avril 1483 (n. s.). *De clavibus librarie.* Super statuta ecclesie, domini ordinaverunt recolligi claves librarie, post decessum dominorum canonicorum qui eas possident, ab executoribus seu heredibus eorumdem,

teur (1). Dans tel cas, on laissait au bon plaisir de

(1) 1° G. 2117, f° 66 v°, 1ᵉʳ mai 1389. *De quodam libro acommodato domino cantori.* Ea die, domini accomodaverunt domino Petro de Sihervilla, cantori hujus ecclesie, ad ejus supplicacionem, quemdam librum vocatum *Liber de claustro anime*, in pergameno scriptum, cum asseribus, et copertum de coreo nigro; qui liber sic incipit in secundo folio : « Turbatus ut custodiam », et finit in eodem : « apposuit scriptum », et in penultimo folio sic incipit : « quales sunt », et finit in eodem : « angelorum bonorum »; quem librum idem dominus cantor promisit sane custodire et non alienare, ymo restituere ad voluntatem dominorum. [Le *Liber de claustro anime* est attribué à Hugues de Fouilloy, chanoine régulier, abbé de Saint-Denys à Reims, en 1149, mort vers 1174.]

2° G. 2117, f° 78 v°, 4 décembre 1389. *De quodam libro domino decano acommodato.* Ea die, domini tradiderunt in commendam quemdam librum vocatum « *Martinian* », scriptum in pergameno, domino decano ; quique liber incipit in secundo folio : « Regum et ex p° », et finit in eodem : « hoc est », et in ultimo folio scripto incipit : « fidem facit », et in eodem [finit] : « efficitur ». Et idem dominus decanus debet eumdem librum restituere capitulo. [Le livre dont il s'agit doit être : *Margarita decreti seu tabula martiniana*, imprimé, in-fol., entre 1480 et 1490 (Bibl. Sᵗᵉ-Geneviève), et dont l'auteur était le dominicain polonais Martin Strebski, archevêque de Gnesen, mort à Bologne en 1279.]

3° G. 2119, f° 51 v°, 20 novembre 1395. *De quodam libro accommodato magistro Dionisio Villain.* Anno Domini M°CCC° nonagesimo quinto, die xxᵃ mensis novembris, domini decanus et capitulum hujus ecclesie mutuaverunt magistro Dionisio Villain, hujus ecclesie canonico, ad ipsius Dionisii requestam, unum librum cum asseribus, coopertum desuper de coreo rubeo, qui quidem liber est hujus ecclesie et fuerat accomodatus defuncto magistro Thome Magni, cancellario dum viveret hujus ecclesie, et vocatur ille liber : « *Sextus cum Clementinis* »; cujus ultimum verbum in primo folio in textu « quamvis est », et in primo ultimi folii « quam electionem »; quem quidem librum magister Dionisius tenetur restituere huic ecclesie cum placuerit dominis de capitulo.

4° G. 2119, f° 118 v°, 11 octobre 1399. *De quodam libro accommodato magistro de Fiscano.* Ea quidem die, liber hujus ecclesie scriptus in pergameno cum asseribus, in quo tractatur de medicina, et sunt in eodem plures herbe figurate, fuit per dominos

celui-ci un temps illimité pour le rendre, ou bien on fixait la restitution du manuscrit à la première réclamation du chapitre ; dans tel autre, on disait à quelle époque il fallait que le volume rentrât dans la bibliothèque (1).

Il était rare qu'on demandât un reçu (2), qu'on exi-

accommodatus, magistro Henrico de Fiscano, hujus ecclesie canonico, ita quod ipse tenetur dictum librum restituere ecclesie et dominis predictis infra festum Omnium Sanctorum proximum.

5° G. 2119, f° 122 v°, 3 février 1399 (1400). *De libris hujus ecclesie.* Anno predicto et die iij mensis februarii, domini de capitulo hujus ecclesie, domino decano absente, concesserunt et tradiderunt mutuo magistro Egidio de Campis, magistro in theologia, canonico hujus ecclesie, quemdam librum hujus ecclesie vocatum *Librum consiliorum*, scriptum in pergameno in magno volumine, cum asseribus, coopertum de corio croceo, cujus secunda linea secundi folii sic incipit : « vestrorum negligenciam », et in eodem pagina, ultima linea finit « sunt ad audi » ; et in penultimo folio ipsius libri sic finit « turpe nimis esse et di » ; et promisit idem magister Egidius dictum librum restituere dominis de capitulo hujus ecclesie ad eorum voluntatem. [Il doit être question des *Consilia* de Baldo degli Ubaldi, né à Pérouse vers 1325, professeur de droit à Pise, à Pérouse et à Pavie, où il mourut en 1400. Les *Consilia* furent imprimés à Brescia 1490-91, 5 vol. in-folio.]

(1) G. 2119, f° 156 v°, 25 juin 1401. *De quodam libro medicine.* Anno Domini M°cccc° primo, die xxv mensis junii, magister Henricus de Fiscano, hujus ecclesie canonicus, restituit in capitulo dominis de capitulo hujus ecclesie, domino decano absente, quemdam librum in pergameno scriptum, cum asseribus, in quo tractatur de medicina, et sunt ibidem plures herbe figurate, quiquidem liber fuerat a dictis dominis prefato magistro Henrico accomodatus, prout ante longe scribitur ; et dictus liber fuit accommodatus magistro Nicolao Couette, hujus ecclesie canonico, usque ad viij^{to} dies proximos.

(2) G. 2141, f° 8 r°, 24 janvier 1479 (1480): Ea die lune, domini consenserunt quod magister Jo. Masselin, canonicus hujus ecclesie, juxta ejus supplicacionem, habeat librum seu volumen nuncupatum *la Somme de Galense*, in libraria hujus ecclesie existentem, tradendo cedulam de recepisse, cum promissione restitucionis per eum fiende. (C'est un des volumes de la dona-

geât une caution, ou qu'on réclamât une somme d'argent ou un autre volume en garantie (1) ; cependant, ces cas se présentèrent, sans que nous sachions pour quelles raisons ces précautions inusitées étaient devenues nécessaires.

Un autre soin qui se rattache à la copie des livres, à leur correction, à leur reliure, mais qui n'a aucun rapport avec l'administration de la bibliothèque, c'est l'espèce de contribution de dépenses à laquelle étaient tenus les chanoines de Rouen envers les églises de paroisses où ils percevaient les grosses dîmes. A celle-ci on donnait un psautier, à celle-là un missel ; telle autre église recevait une subvention pour l'acquisition d'un livre de chant (2).

---

tion de P. Maurice cités dans le catalogue de la bibliothèque sous la date du 20 février 1437.) [*La Somme de Galense* doit être le « *liber Summa collationum dictus* », de Jean de Galles, *Galensis*, théologien anglais, ayant professé à Oxford vers 1270 et à Paris, 1282, où il mourut vers 1303. La *Summa collationum* a été imprimée vers 1470, in-4°. Voir *Catalogus librorum decimi quinti sæculi.* (Bibliothèque de Loménie de Brienne), Sens, 1791, in-12, tome I, pag. 40.]

(1) 1° G. 2130, f° 188 v°, 11 août 1444. *De libro acommodato.* Requesta fuit facta per magistros Robertum Suttoris et Petrum de Laigny in capitulo, ex parte et nomine reverendi patris domini Pasquerii, Lexoviensis episcopi, ut vellent ipsi domini de capitulo concedere et in precario sive acommodato prestare unum gradalle usque ad mensem septembris. Domini sibi concesserunt, mediante caucione dictorum magistrorum Suttoris et Laigny qui promittant illum reddere et restituere.

2° G. 2130, f° 220 v°, 14 décembre 1445. *Restitucio libri.* Magister Robertus Suttoris et Petrus de Laigny restituerunt in capitulo quemdam librum tamdiu domino episcopo Lexoviensi acommodatum ad instanciam ipsorum magistrorum Roberti et Petri. Qua restitucione facta, domini voluerunt et tenuerunt ipsos pro exoneratis.

(2) 1° G. 2117, f° 112 r°, 22 décembre 1391. *De missalli ecclesie parrochialis de Magnavilla.* Anno Domini M.ccc.lxxxxj°, die xxij° mensis decembris, Philippo Destintot thesaurario et Regi-

naldo Martelli, parrochianis ecclesie parrochialis de Magnavilla la Gouppil, decanatus Sancti Romani de Collobosco, Rothomagensis diocesis, in capitulo ecclesie Rothom. coram dominis decano et capitulo ejusdem Rothom. ecclesie personaliter constitutis, ex parte eorumdem dominorum decani et capituli, nec non domini Roberti Bourelli, rectoris dicte parrochialis ecclesie, fuit traditum quoddam missalle inferius designatum pro dicta parrochiali ecclesia; quiquidem Philippus thesaurarius et Reginaldus, parrochiani predicti, nomine suo et omnium parrochianorum dicte parrochialis ecclesie, dictum missale receperunt et secum portaverunt et promiserunt, nominibus quibus supra, illud missalle non vendere, cambiare vel quoquomodo alienare, ymo illud bene regere, servare et custodire, periculis suis et expensis, et ad hoc se, quibus supra nominibus, obligarunt. Dictum vero missalle est novum, asseratum, coopertum de corio rubeo et desuper de brachis de tela, et incipit in prima columba prime pagine post kalendarium : « Ex quo adventus Dni intraverit », et finit in eadem « Kathi », in secunda columna ejusdem pagine incipit : « ne in die » et finit in eodem : « Joseph et », notatum ; in secunda pagina ejusdem folii incipit : « Dixit ad eam », notatum, et finit in eadem pagina : « Universis qui », notatum ; in ultimo vero folio : « Benedictus sedet in medio », et finit in eodem : « annis in eternum. Amen ». Et deconstitit dictum missalle quadraginta francos auri.

G. Galteri.

2° G. 2119, f° 67 v°, 1ᵉʳ décembre 1396. *De missali ecclesie de Anfrevilla.* Eadem die, domini predicti tradiderunt Johanni Rachinelli, parrochiano et thesaurario ecclesie parrochialis de Anfrevilla in Campis, nomine omnium parrochianorum dicte parrochie, unum missalle pro eadem ecclesia, et preceperunt dicto thesaurario, nomine dictorum parrochianorum, quod de cetero melius custodiant dictum missalle quam alias, quod promisit dictus thesaurarius.

3° Ibid. *De missali restituto capellano Sancte Agathe.* Item, ea die, unum missalle quod est capelle Sancte Agathe in hac ecclesia, quod fuerat accommodatum dicte ecclesie de Anfrevilla quousque dictum missalle dicte ecclesie de Anfrevilla esset perfectum, fuit restitutum in capitulo et traditum domino Reginaldo de Belnayo, presbytero, capellano dicte capellanie Sancte Agathe.

4° G. 2119, f° 15 v°, 8 novembre 1393. *De uno libro pro ecclesia Sancti Audoeni de Prenenbourse.* Anno Domini M°.CCC°.nonageᵐᵒ tertio, die viij mensis novembris, domini decanus et capitulum hujus ecclesie tradiderunt curato et capellano ecclesie parrochialis Sancti-Audoeni de Prenenbourse, Rothomagensis diocesis, nomine omnium parrochianorum ejusdem ecclesie, unum psalterium cum kalendario et ymnis, antiphonis, recommendacione et servicio mortuorum, cum asseribus, et est coopertum de corio rubeo, et incipit : « Dominica prima Adventus » et finit : « oraciones ut supra » ; et deconstitit dictum psalterium centum solidis tur., et eciam habuerunt dicti parrochiani antiquum psalterium.

5° G. 2121, f° 18 v°, mars 1408 (1409). *De libris de Sassetot.* Anno Domini millesimo quadringentesimo octavo, in mense marcii ante Pascha, libri qui secuntur fuerunt traditi per dominos meos decanum et capitulum ecclesie Rothomagensis, thesaurariis et parrochianis ecclesie parrochialis de Sassetot in Caleto, Rothomagensis diocesis, de qua parrochia dicti domini decanus et capitulum percipiunt grossos fructus ; et primo, unus missalis precio quatuordecim libr. tur. ; item, unum breviarium precio viginti libr. tur. ; et hoc de pecuniis provenientibus ex et de novis recepcionibus.

6° G. 2122, f° 91 r°, 9 juin 1419. *De libro de Sotevilla.* Ea die, prefati domini assignaverunt diem ad quindenam Johanni ad adducendum fidejussorem seu illum qui eidem tradidit unum missale pro vendendo, pertinentem ecclesie parrochiali de Sotevilla, arrestatum in manibus capituli, et domino Petro Malle curato dicti loci, ad aducendum testes pro probacione sufficienti dicti libri.

7° G. 2122, f° 145 r°, 27 septembre 1420. *De missali de Martini Ecclesia.* Cum thesaurarii et parrochiani ecclesie parrochialis de Martini Ecclesia nuper habuissent et recepissent a venerabilibus et discretis viris dominis capituli ecclesie Rothomagensis unum missale bonum et sufficiens pro deserviendo in dicta ecclesia, quod ipsi, occasione guerrarum et per eorum curati aut clerici culpam amissum seu perditum fuerat, ut dicebatur, hinc est quod anno domini millesimo iiij^(c°) xx°. die xxvij septembris, dicti thesaurarii hujusmodi prefatis dominis requisierunt quatenus ipsos juvare vellent de aliqua pecunie summa pro emendo unum aliud missale ; quiquidem domini capitulantes, de gracia speciali, non obstante quod ad hoc non tenerentur, attenta culpa seu negligencia eorumdem, dederunt eisdem thesaurariis sommam iiij l. t. pro convertendo in solucione cujusdam missalis quod ipsi emerant somma ix l. t. ; quam sommam mandaverunt prefati domini eisdem thesaurariis persolvi per Jo[hannem] Martini, firmarium dicti loci de Martini Ecclesia.

8° G. 2127, f° 33 r°, 4 mai 1443. *De libris de Magnavilla.* Anno et die predictis, fuerunt ordinati et deputati domini et magistri J. Rube et G. Fabri, cum decano de Scoiis, ad querendum et providendum unum graduale, unum psalterium et unum semitempus antiphonarii pro ecclesia de Magnavilla la Goupil,

En 1446, la salle de la bibliothèque ne suffisait plus; on parlait déjà, dans le chapitre, de l'agrandir (1).

qui libri fuerant perditi, sub tali condicione quod de porcione ad quam capitulum tenebitur solvere pro dictis libris, pro hac vice parrochiani dicte ecclesie solvent medietatem.

9° G. 2131, f° 122 v°, 1ᵉʳ juillet 1447. *De libro de Becco Mauritanie repparando.* Anno et die predictis, domini concluserunt quemdam antiphonarium de ecclesia de Becco Mauritanie esse repparandum et solvendum pro hujusmodi reparacione xx solidos t, et quod custodiatur dictus liber quousque fuerint domini informati quis teneatur ad ipsius reparacionem, et si parrochiani teneantur, quod solvant ipsi xx solidos antequam restituatur eisdem.

10° G. 2131, f° 161 r°, 5 janvier 1447 (1448). *De libro de Becco Mauritanie restituendo.* Anno et die predictis, domini ordinaverunt quemdam librum religatum de parrochia de Becco Mauritanie parrochianis dicte parrochie pro divino servicio ibidem faciendo tradi; quiquidem liber vocatur gradale. Robertus Manbrasse et Petrus Philippe, parrochie de Becco Mauritanie, recognoverunt habuisse et recepisse, et dictis dominis de capitulo de quibus quictaverunt et promiserunt...

11° G. 2134, f° 131 r°, 1ᵉʳ octobre 1451. *De missali pro ecclesia de Caillouvilla.* Dicta die, prefati domini capitulantes, audita requesta parrochianorum de Caillouvilla, ordinaverunt quod ipsi habeant unum missale sufficiens, proviso quod curatus loci solvat terciam partem.

12° G. 2134, f° 150 r°, 10 février 1451 (1452). *De missali de Douvilla.* Dicta die, conclusum fuit per prefatos dominos capitulantes quod respondeatur curato de Douvilla, prout per dictum dominum thesaurarium fuit responsum super uno missali pro dicta sua ecclesia quod petebat, quod domini capitulantes, licet non teneantur ad invencionem dicti missalis, tamen, si reperiatur unum missale sufficiens, juvabunt thesaurarium dicte ecclesie ad solvendum illum, prout ipsis dominis expediens videbitur, usque ad x l. t.

13° G. 2144, f° 11 v°, 20 mai 1478. *De missali pro parochia de Assigniaco.* Visitetur missale parochie de Assignyᶜᵒ, cui provideri de novo missali pro antiquitate illius instant parochiani dicti loci, et in quantum de jure capitulum si ad hoc subjiciatur pro quota percepcionis decimarum ejusdem parochie.

(1) G. 2131, f° 39 r°, 10 février 1446 (1447). *De deputatis pro libraria.* Anno et die predictis, domini deputaverunt magistros P. de la Hazardiere, G. de Deserto, L. Surreau et Jo. Bidault

4

Mais les dépenses effrayaient d'autant plus que la tour de Saint-Romain n'était pas encore achevée (1). On nommait des commissions, on entendait des rapports; rien ne se terminait. Enfin, on décida, en 1477, que la bibliothèque serait prolongée par dessus le four du chapitre et le cellier jusqu'à la rue Saint-Romain; qu'en outre, un escalier élégant communiquerait de l'église à la bibliothèque. C'était une décision digne à la fois du chapitre et de la cathédrale, puisqu'elle mettait en communication le lieu de la prière avec la salle des sérieuses réflexions et des graves études, puisqu'elle montrait aussi, par les sacrifices qu'ils faisaient, toute l'importance que les chanoines attachaient à leur collection de livres.

Disons, toutefois, que cette décision ne fut prise, super modo advisandi qualiter libraria perficiatur et refferant in capitulo.

(1) 1° G. 2140, f° 109 r°, 20 février 1477 (1478). *De libraria protendanda.* Item, conclusum libraria hujus ecclesie, postquam turris Sancti Romani perfecta fuerit, ante omnia alia opera, secundum quod illius notorietas et honestas ecclesie deposcit, augeri, protendi et ampliari usque ad domum furni, et fiat de bonis et grossis lignis; deputatis propterea domino cantore ac magistris Laurencio Surreau, R. Perchart, Jo. Masselin cum magistro fabrice, qui super opere illo utiliter peragendo elaborent. Intendant eciam super componendis parietibus, sive de briqua advisent prout utilius videbitur.

2° G. 2140, f° 109 r°, 22 février 1477 (1478). *De libraria et turri Sancti Romani.* Do. et ma. R. Perchart, qui una cum magistris fabrice super librariam construendam seu protendandam munus habuerit conferendi cum operariis pro illius devisia seu patrono faciendis, necnon pro querendo principaliter materiam ligni quam alias propterea requisitas, et circa opus ipsum ac operarios intendendi ceteraque omnia que in ipsa necessaria videbuntur faciendi, et similiter faciat ipse Perchart illam partem turris Sancti Romani bene et decenter reparari de plastro, prout melius advisaverit ad honestatem rei. [Les feuillets de ce registre sont très endommagés par l'eau, et l'écriture, en certains endroits, est tellement pâlie qu'elle est d'un déchiffrement très difficile.]

que ces sacrifices ne furent consentis qu'après de longues discussions, et même une certaine résistance (1), comme on devait, du reste, l'attendre d'un conseil de famille. Lorsqu'enfin la majorité l'emporta, lorsque les

(1) 1° G. 2140, f° 155 r°, 22 octobre 1478. *De novo gradu pro libraria erigendo.* Ea die, cum super erectione et composicione gradus librarie hujus ecclesie noviter edificate inter quatuor de commissariis pro directione operis ejusdem librarie deputatis in hac civitate presentes differencia seu contrarietas orta esset ; unus autem eorum, ad multa respiciens, tum propter nimium sumptum, tum quia hyems venisset, tum eciam ne propter novi gradus construccionem antiqua lathomia gravaretur, et aliis per eum deductis causis, diceret antiquum gradum librarie pro modico sic commodo aptari posse, quod per eum ad hujusmodi novam librariam facilis haberetur aditus et ob hoc pronunc alio novo gradu opus non esse ; alii vero, tum ad magnificenciam et pulcritudinem operis, tum ad decus et honorem ecclesie, tum quoad obscuritatem (et) ineptudinem alterius veteris gradus, perpensantes, ex hiis et aliis per eos additis racionibus, assererent perventum (?) esse unum novum gradum ex nunc et sine alterius temporis expectacione ibidem construi et erigi ; secundum tercium advisamentum, videlicet supra formam devisie seu patroni super hoc depicti et confecti, in capitulo exhibiti ; auditis siquidem commissariis ipsis, et materia in deliberacione posita, exhibitis quoque singulorum votis, tandem, quia dominus decanus a majori parte concludere noluit, ymo materiam differre, proposita per organum domini archidiaconi Rothomagensis, ab ea majori parte dictum fuit et conclusum ad erectionem unius novi gradus exnunc quam diligencius fieri poterit procedendum esse, juxta formam predictam et conformiter ad oppinionem dictorum trium commissariorum, cum modus ille visus sit apcior et utilior multo.

2° G. 2140, f° 157 v°, 4 novembre 1478. *De gradu librarie.* Ea die, posita in medium materia, alias deducta, deliberata et conclusa super facto erectionis gradus librarie nove hujus ecclesie, post maturam deliberacionem, fuit dictum et conclusum a pluri voce quod conclusio super hoc a saniore parte facta jovis xxij mensis octobris novissima teneatur et servetur ; et juxta illius terminos, gradus hujusmodi quam cicius erigatur sine alia operariorum convocacione, nec proclametur aut tradatur opus dicti gradus *a tache et au rabais*, gallice, sed per dietas, sicuti in compositione ipsius librarie factum extitit et processum.

travaux, rapidement exécutés par maître Guillaume du Pont, alors architecte de la cathédrale (1), parurent outrepasser et les prévisions des dépenses et les données des plans et devis, il s'éleva de nouveau dans le chapitre de vives discussions ; on redemanda les plans (2), on s'assura que l'artiste s'était laissé entraîner par l'amour de son art (3), et les dignes chanoines, séduits et vaincus par l'élégance de l'ouvrage, ne surent faire à l'économie (4) d'autre concession sinon d'ordonner que les

(1) G. 2140, f° 199 v°, 29 avril 1479. *De patrono gradus librarie.* Item, juxta heri injuncta magistro Guillelmo Pontis, exhibitus fuit et apportatus penes capitulum, patronus quidam factus, ut dicebatur, super confectione et constructione novi gradus librarie hujus ecclesie.

(2) G. 2140, f° 199 v°, 28 avril 1479 (post Pascha), *De gradu in libraria*, Item, magistro Guillelmo Pontiz, lathomo, similiter ad capitulum venienti, post aliqua sibi dicta opus librarie signanter gradus ejusdem tangentia, injunctum fuit eidem ut ad crastinum, si poterit, devisiam seu patronum illius gradus ad capitulum afferat videndum et inspiciendum per dominos.

(3) G. 2140, f° 209 r°, 5 juin 1479. *De gradu pro libraria.* Ea die, apperto de gradu librarie hujus ecclesie, super eo quod dicebatur magistrum Guillelmum Pontiz, lathomum, directorem et magistrum operis hujusmodi, circa illius efectionem et composicionem male se habuisse, quoniam longe excesserat formam patroni ab eo desuper confecti, multa quoque fecerat in opere illo, presertim in ostiis et alias que de mente et voluntate capituli non processerant, ac preter scitum, deliberacionem et mandatum commissariorum propterea deputatorum, et que, cum nimis sumptuosa forent et modice utilitatis, in grave dampnum fabrice et ipsius ecclesie vergebant; post longam et maturam deliberacionem domini prefati, actendentes opus predictum non modo inchoatum sed pene jam fore completum, a majori parte concluserunt illud quam cicius commode poterit perfici, et ad formam deduci eciam per eumdem lathomum, cui injungatur ut infra aliquem competentem terminum rem ipsam terminet et peragat.

(4) D. Pommeraye s'exprime ainsi : « On monte à la bibliothèque par un escalier assez bien travaillé qui fut fait par la libéralité du cardinal d'Estouteville » (*Hist. de l'église cathédrale de Rouen*, p. 164). Toutes les descriptions de la cathédrale ont copié

travaux fussent activés et terminés le plus tôt possible (1).

En même temps qu'on élevait l'escalier (2), on terminait la bibliothèque.

Pendant les années 1478 et 1479, on poussa vivement les travaux, on augmenta le nombre des ouvriers (3); le chapitre décida que les fenêtres n'auraient que des meneaux montants, sans traverses, avec une armature en fer, afin que les lecteurs jouissent d'un meilleur jour (4). On fit faire une muraille adossée aux

ce passage. D. Pommeraye, qui n'a connu aucun des détails que j'ai trouvés dans les Archives, est cependant, en général, exact. Je ne sais comment concilier la libéralité du cardinal avec les discussions du chapitre et sa sollicitude économique.

(1) G. 2140, f° 211 r°, 12 juin 1479. *De gradu librarie.* Item, apperto de gradu librarie hujus ecclesie qui tam sumptuose componitur, pro eo maxime quod lathomus, magister Guillelmus Pontiz, preter mentem et voluntatem capituli et sine consilio aut deliberacione commissariorum opus admodum sumptuosum incepit, materia hujusmodi longa deliberacione tractata, quoniam visum est opus ipsum jam prope finem et fere completum esse, juxta alias dicta et conclusa, illud per eumdem lathomum perfici et compleri, ac ipsum lathomum sollicitari ut quam cicius et diligencius poterit operi finem imponat.

(2) G. 2140, f° 87 r°, 6 mars 1478 (1479). *De quadam columpna diripienda pro gradu librarie.* Item, ordinatum quod domini commissarii alias pro direccione operis librarie hujus ecclesie noviter erecte super diripienda illa columpna longa que composicioni gradus ejusdem librarie obstare videtur atque clausura ostii ejusdem gradus pro securitate ecclesie aliisque difficultatibus, si que super iis occurrant, habito expertorum consilio, faciant et ordinent que viderent opportuna.

(3) G. 2140, f° 128 r°, 2 juin 1478. *De libraria.* Item, ut opus ceptum pro ereccione librarie cicius et commodius ad ecclesie utilitatem et honorem compleatur, conclusum quod numerus operariorum augeatur, prout magistri fabrice viderint eidem operi et ejus expedicioni congruere, et quod tegula pro coopertura ipsius librarie hujusmodi fiat secundum consuetum et ordinarium modum, nec ematur plombata, actento excessivo precio propterea petito.

(4) 1° G. 2140, f° 148 v°, 12 septembre 1478. Item, conclu-

anciennes constructions (1), et qui séparait la bibliothèque des logements ; puis, on discuta sur les détails des pupitres à façonner, des nattes à mettre sur les parquets (2). Enfin, chaque jour apporta sa pierre ;

sum quod in summa parte librarie hujus ecclesie fiant due parve lucarne, et similiter erigantur in eadem *des cleres voyes* gallice, ad operis hujusmodi majorem decorationem, prout domini deputati congruum prospexerint et honestum. Qui eciam deputati super difficultate orta pro facto fenestrarum ejusdem librarie, si videlicet fiant traversoria *es maineaux* gallice, ac alias pro situacione burellorum, et generaliter in aliis rebus easdem fenestras et ceteras librarie partes cum operariis expertis conferant et deliberent ; que aut per eos super iis advisata referant in capitulo concludendo, ut res [exiget].

2° G. 2140, f° 151 r°, 20 septembre 1478. Eadem die, domini presentes utilitatem operis librarie hujus ecclesie, ut scilicet in eadem major insit claritas, conclusum in fenestris ejusdem librarie nulla fieri traversoria *es maineaux* gallice ; et super expectaciones fiant duo ascendentes, gallice *montans*, cum inde necessariis (?), secundum opinionem commissariorum, qui in ea re sagaciter procedant prout utilitatem operis congruere prospexerint.

3° G. 2150, f° 240 r°, 16 octobre 1478. *De fenestris librarie.* Item, iidem domini, prospecta utilitate librarie hujus ecclesie, ordinaverunt quod *les cassiz* gallice illarum fenestrarum que aperiri debebunt, fiant et componantur de ferro.

(1) G. 2140, f° 197 v°, 20 avril 1479 (post Pascha). *De libraria.* Ea die, quoniam a nonnullis dictum est, pro honestate et decencia illius operis sumptuosi, videlicet librarie nuper erecte, ad deformitatem tollendam et unitatem servandam, oportere unam clausuram mediam inter novam lathomiam et antiquam construere, post maturam deliberacionem, conclusum fuit a majori parte illam clausuram quam cicius fieri de lignis et plastro, et, ea facta, lectoralia ibidem pro reponendis et ordinandis libris cum omni diligencia collocari et constitui.

(2) G. 2140, f° 207 v°, 28 mai 1479. *De lutrinis et scaphis in libraria.* [Scaphis pour caphis, *Capha, natta, storea.* (Maigne d'Arnis, *Lexicon*).] Ea die, apperto de ambonibus seu lutrinis in nova libraria hujus ecclesie fiendis et collocandis, ac pariter de scaphis, *nates* gallice, ibidem apponendis, post deliberacionem fuit dictum quod domini deputati ad directionem operis ejusdem librarie, et ceteri canonici qui voluerint, diebus festis proximis ad locum ipsius librarie accedentes, videant et aspiciant atque

toutefois, par une sage mesure, on défendit de mettre les livres en place avant que les ouvriers eussent entièrement fini leur besogne (1).

Quelque activité que l'on eût mis dans les travaux, il restait à terminer, au cours de l'année 1480 (2),

advisent qualiter et quo ordine hujusmodi ambones vel lutrini constituentur et ordinabuntur, etiam de qua mensura componi debebunt, et similiter si scaphi ibidem ante vel post eorumdem lutrinorum collocacionem, vel nulle apponentur, ut, visitato loco et habitis advisamentis super premissa, rectius et conveniencius deliberari valeat ; et nichilominus conclusum fuit exnunc ambones seu lutrinos, qui in antiqua libraria priusquam nova erigeretur consistebant, in eadem nova libraria tempore collocari ; et pariter fiant quedam parve vitrine que in illa necessarie et requisite dicuntur.

(1) 1° G. 2140, f° 210 v°, 11 juin 1479. *De perficienda libraria.* Item, apperto de libraria hujus ecclesie et libris in eadem collocandis, fuit deliberatum a majori parte ipsam librariam primitus perfici et compleri, tam de vitris, scaphis et lutrinis quam aliis ibidem requisitis, priusquam libri in ea collocentur, et fiat una clavis nove forme que tria ostia gradus scilicet et ingressus ejusdem librarie apperiat, et communicetur omnibus dominis canonicis et non aliis, juxta statuta super hoc edita.

2° G. 2140, f° 190 r°, 18 mars 1479 (post Pascha). *De ostio librarie.* Item, conclusum fuit pro securitate ecclesie quod commissarii, alias ad opus librarie deputati, unum ostium bonum et tutum in eadem libraria per intra faciant collocari et firmiter obserari quam cicius commode poterunt, et similiter, ne aliquid circa ostia hujusmodi fiat superfluum, conferant cum magistro G. Pontis et ei notificent que ad rei honorem et ecclesie utilitatum fienda perspexerint opportuna.

(2) 1° G. 2141, f° 140 v°, 20 mars 1480 (1481). *De edificio pro libraria.* Item, quum sicut relatum est, juxta conclusionem alias in capitulo factam de muro librarie hujus ecclesie, que nondum (ut patet ad oculum) perfecta est versus domum que pro choralibus erigitur, pro illius utilitate et ex quo eciam sperabatur ipsam librariam, habita temporis congruitate, perfici usque in vicum protendendo et expensis fabrice construendo *de parpaint,* gallice, ille murus conformiter ad conclusa hujusmodi erectus fuerit ; super quo tamen inter aliquos, ut dicebatur, nonnulla differencie verba intervenerant, domini prefati conclusionis predicte bene memores, et erectionem dicti muri approbantes, dixe-

l'escalier de la bibliothèque qui fait face à la rue Saint-Romain. Cette dernière partie du travail se liait à la construction de l'avant-portail. Elle fut décidée et exécutée en même temps que cette imposante entrée.

En 1480, la bibliothèque fut entièrement terminée et complètement installée. Bien qu'on fût fidèle aux anciens usages, quelques modifications s'introduisirent. L'imprimerie n'avait point encore importé ses produits dans la Normandie; du moins, les rares volumes, qui ne devaient plus leur existence au patient travail des copistes, étaient-ils en trop petit nombre pour changer les habitudes. Les livres continuaient à être couchés à plat sur les pupitres appelés aussi *lectoralia* (1), parce qu'ils servaient aux lecteurs sans autre déplacement, car les manuscrits étaient encore enchaînés, chacun à leur place. C'était une brutale mesure de soupçonneuse administration dont on ne voulait pas abandonner le facile privilège. Il fut décidé cependant que, tout en

runt quod de misia propterea legitime facta per procuratorem fabrice debita satisfactio impendatur, circa quod perspiciant et simul conferant magistri dicte fabrice. Quinymo, matura deliberacione prehabita, ad ecclesie venustatem et decenciam ampliorem atque deformitatem tollendam, a majori parte concluserunt dictam librariam, formam incoati operis ejusdem persequendo, quam primum commode fieri poterit usque vicum predictum perfici et compleri, opusque hujusmodi utiliter dirigi et tractari per dictos magistros ac alios a capitulo ordinandos, qui circa operarios perspicient et vigilabunt ut diligenter et utiliter in opere illo se contineant et laborent.

2° G. 2141, f° 156 r°, 28 avril 1481 (post Pascha). *Commissarii pro opere librarie*. Item, ad visitandum opus inceptum pro complemento et perfectione librarie hujus ecclesie, et loquendum cum operariis super modo directionis ejusdem operis et super eisdem operariis intendendi, fuerunt deputati domini cantor, thesaurarius, archidiaconus de Augo, ac magistri N. Gaillart, P. Escoullant, Jo. Masselin cum magistris fabrice.

(1) *Lectoralia*, est-il dit dans la délibération capitulaire du 20 avril 1479.

conservant les anciennes et longues chaînes dont le maniement devait être fort bruyant, on les raccourcirait, en les coupant en deux ou trois morceaux (1).

(1) 1° G. 2140, f° 232 v°, 16 septembre 1479. *De cathenatis librarie.* Item, consenserunt illas veteres et longas cathenas, quibus libri solebant in veteri libraria cathenari, fieri breviores, ad discretionem ipsorum magistrorum fabrice ; ita quod fiant due vel tres, secundum quod ejus longitudo extendere poterit.
2° [Après l'achèvement de la bibliothèque, les chanoines de la cathédrale de Rouen avaient décidé qu'il serait établi pour leur usage particulier, une chapelle, vers l'entrée de leur bibliothèque.]
3° [G. 2140, f° 199 v°, 29 avril 1479. *De quadam lathomia prope locum librarie.* Ea die, apperto de illa lathomia inchoata que in illis antiquis fenestris seu veteri forma vitrine juxta novam librariam erigetur, cum aliqui dixissent condecens et perhonestum esse ut una inibi cappella seu altare unum construeretur, aliis hoc impugnantibus ; tandem conclusum fuit illam inchoatam latomiam quam citius perfici et compleri ad mensuram juxta formam fenestrarum ejusdem nove librarie et, ea facta, et loco debite visitato et inspecto, tunc super erectione cappelle hujusmodi seu alterius necessarii edificii deliberabitur, secundum quod melius videbitur expedire.]
4° [G. 2141, f° 4 r°, 8 janvier 1479 (1480). *De erigendo altari juxta librariam.* Ea die, deliberatum fuit a majori parte unum altare fieri et erigi in loco vacuo juxta novam librariam hujus ecclesie, in quo domini canonici, pro sua devocione, missam secrecius celebrare possint et valeant.]
5° [Ibid. 10 janvier. *De altari, prout supra.* Item, concluditur, juxta pridie deliberata, quod, in illo loco vacuo intra et prope novam librariam hujus ecclesie, erigatur unum altare honestum et honorifice paratum, ut inibi domini canonici, cum voluerint, secrecius et devocius missam valeant celebrare.
Voir au sujet de cette chapelle, de sa décoration et de son mobilier, Charles de Beaurepaire, *Derniers mélanges historiques et archéologiques*, 1909, p. 80 et 81.]

Deuxième partie.

Dons, legs et acquisitions de livres.

Nous avons dit quelle était la composition de la bibliothèque avant l'incendie de l'année 1200 qui permit, sans aucun doute, de sauver la plus grande partie des livres. Une lacune se présente pour tout le xiiie siècle dans les documents officiels. Je n'ai pu retrouver, et il paraît qu'on a perdu depuis longtemps, les registres capitulaires jusqu'à l'année 1365 (1). Rien ne

---

(1) [Les plus anciennes mentions de livres de la bibliothèque sont les suivantes :
1° [G. 2116, f° 65 r°, 12 novembre 1375. Item, ea die, fuerunt accomodati libri qui secuntur magistro Thome Durandi ; et primo unum gradale cujus secundum folium incipit « funderentur ». Audi nos vi » ; item, antiphonarium in duobus voluminibus ; prima pars primi voluminis in secundo folio incipit « Rex miseris » ; penultimum folium ejusdem voluminis incipit « Sponsa Xpi » ; secundum folium secundi voluminis incipit in littera rubea « Hymnus » ; penultimum vero folium finit « seculorum. Amen ».]
2° [G. 2118, f° 77 v°, 5 octobre 1379. Item, dictus dominus Blanchecape asportavit in capitulo quoddam breviarium quod fuerat domini Jacobi Saoul pro usu suo, et fuit traditum in capitulo domino Johanni Egidii, presbytero, qui promisit illud bene et fideliter custodire, et dum decesserit ab hac terra, ille tenebitur legare eumdem alteri sacerdoti qui exorabit pro eo.]
3° [G. 2118, f° 103 v°, 18 juillet 1381. Die xviij julii, magister Thomas Durandi et Johannes de Valle Richerii, canonici hujus ecclesie, reasportaverunt in capitulo quemdam librum Sermonum domini Mauricii, episcopi Parisiensis, quem sibi tradidit magister Johannes de Pontisara, qui eum recuperaverat in hospicio magistri Johannis de Pontisara defuncti, olim canonici et cancellarii hujus ecclesie.]
4° [G. 2118, f° 113 v°, 26 septembre 1381. Item, dicta die, Johannes Goupil obligavit se in summa centum solidorum reddendorum dominis de capitulo, in casu quod aliquis vellet ali-

peut faire supposer, toutefois, que le zèle se soit refroidi pendant cette favorable époque où la religion reprenait son empire, où les églises se relevaient partout, plus vastes et plus somptueuses que jamais. Tout nous porte à croire que la bibliothèque de Rouen se ressentit de cette influence bienfaisante, et qu'on n'oublia pas les livres, alors qu'on venait de reconstruire la bibliothèque.

Ajoutons aux inventaires précédents les acquisitions nouvelles, en mentionnant leurs dates d'entrée, et en indiquant ensuite par quelle voie, donations, legs ou acquisitions, elles venaient se réunir aux anciennes richesses.

30 mai 1389. *Liber vocatus Liber de claustro anime*, écrit sur parchemin, relié en ais de bois recouvert de cuir noir, commençant au second feuillet : « *turbatus ut custodiam* », finissant sur le même : « *apposuit scriptum* » ; commençant à l'avant-dernier feuillet : « *quales sunt* », et finissant sur le même : « *angelorum bonorum* (1). »

4 décembre 1389. *Liber vocatus Martinian*, sur parchemin (2).

20 novembre 1395. *Liber sextus cum Clementinis*, relié en ais de bois couvert de cuir rouge (3).

---

quid petere in quodam libro qui erat arrestatus in manibus dominorum de capitulo ; quiquidem liber est necdum de abbacia Sancti Ebrulfi, Lexoviensis diocesis. Elegit domicilium ad domum habitacionis procuratoris fabrice et se submisit, quantum ad hoc, jurisdictioni dominorum de capitulo, presentibus Johanne Minee, domino Michaele Bourdichon, etc.]

(1) Ce volume n'entre pas à cette date à la bibliothèque, mais on le prête au chantre de l'église, Pierre de Siherville, preuve qu'il est du nombre des acquisitions dont nous n'avons pas l'indication d'origine. Voir plus haut, note (1) 1°, p. 44.

(2) Voir plus haut, note 2°, p. 44.

(3) Voir note 3° p. 44.

3 février 1399 (v. s.). *Liber consiliorum*, beau manuscrit sur parchemin in-folio, relié en ais de bois couvert de cuir rouge (1).

4 octobre 1399. *Liber de medicina*, sur parchemin et relié, avec les plantes figurées (2).

7 mai 1414. *Catholicon*, suivi de quelques traités et lettres (3).

29 juin 1416. Une belle Bible, sans commentaires, un peu endommagée (4).

(1) Voir note 5° p. 45.
(2) Voir note 4° p. 44.
(3) G. 2121, f° 124 v°, 7 mai 1414. *De libris qui erant penes H. Lenvoisié, decanum.* Item, eadem die, magister Nicolaus Pillays et dominus Albinus de Salceya, presbyter, executores testamenti deffuncti magistri Hugonis Lenvoisié, nuper decani et canonici hujus Rothom. ecclesie, apportaverunt seu apportari fecerunt dictis dominis de capitulo ecclesie Rothom., in eorum capitulo, libros qui secuntur:
Et primo *Catholicon*;
Item, liber qui incipit: « Prefacio virorum »;
Item, alius liber qui incipit: « Incipiunt sermones fratris Guillelmi »;
Item, Augustinus, *De civitate Dei*;
Item, *epistola* quam auctor libri diligit;
Item, *epistola Hugonis, archiepiscopi Rothomagensis*;
Item, *De evangeliis et differencia*;
De quibus libris predictis dicti domini de capitulo executores exonerarunt.
[Le « *Catholicon* » était une Somme composée par le dominicain Jean Balbi, originaire de Gênes, mort en 1298.]
(4) G. 2122, f^ils 14 v° et 15 r°, 29 juin 1416. *De libris qui erant penes deffunctum M. G. Gorren.* Anno predicto et die penultima mensis junii, capitulantibus dominis de capitulo ecclesie Rothomagensis, domino decano absente:
Ea die, magister Henricus Gorren, canonicus hujus Rothom. ecclesie, frater deffuncti magistri Guillelmi Gorren, hujus Rothom. ecclesie dum viveret canonici, reddidit dominis de capitulo hujus ecclesie libros qui secuntur, quos dictus deffunctus habebat mutuo a dominis de dicto capitulo;
Et primo, unam bibliam pulcram, sine interpretationibus, que erat viciata seu maculata de tincta, [tinctura seu atramentum]

4 octobre 1424. Un Graduel, écrit d'une manière remarquable, et noté (1).

de tempore quo ipsa biblia erat penes magistrum quondam de Sihervilla, dum viveret cantoris hujus ecclesie;
Item, unum magnum librum, pulcrum, nominatum *librum de Consiliis*, quem librum predictum habebat pater magister Egidius de Campis, dudum episcopus Constanciensis, et est scriptum anno M° cccc et vj, die xviij decembris, in papiro, manu tabellionis;
Item, unum alium librum vocatum *Catholicon*, qui incipit in secunda linea secundi folii: « Sicut iste due »;
Item, unum alium librum de magno volumine, in quo sunt plures epistole de sancto Jeronimo et de sancto Augustino;
Quiquidem domini de dicto capitulo dictos libros receperunt et de ipsis exoneraverunt dictum magistrum Henricum Gorren.
(1) G. 2123, f° 213 r°, 4 octobre 1424. Johannes Christianus, capellanus hujus ecclesie et curatus Sancti Martini de Quevillon, diocesis Rothomagensis ... dedit huic ecclesie ... quemdam librum dictum gradale notabiliter scriptum et notatum. Voir note (1) 1°, p. 27.
[Nous ajoutons ici deux délibérations intéressant la bibliothèque:
[G. 2123, f° 26 r°, 28 janvier 1421 (1422). *Solucio iiij^{or} capparum, videlicet de illis de Estoutevilla in quodam antiphonario*. La die, prefati domini, matura deliberacione premissa, receperunt et habuerunt a nobili viro Guillelmo de Estoutevilla, milite, domino temporali de Torchy^{co}, unum antiphonarium notatum, completum, incipientem in primo folio: « Incipit ordo librorum », et finit in ultimo folio: « [co]ram Domino qui fecit nos », pro et in recompensacione lx^{ta} librarum turon. in quibus ipse eisdem dominis tenebatur ratione et ad causam iiij^{or} capparum eidem ecclesie per avunculos suos deffunctos, condam ipsius ecclesie canonicos, debitarum. De quo libro, ex causa predicta, se tenuerunt pro bene contentos, ipsum et omnes alios, quorum interest, quictando et exonerando.]
[G. 2124, f° 24 v°, 2 février 1424 (1425). *De antiphonario retro majus altare ponendo*. Ea die, prefati domini capitulantes, matura deliberacione inter ipsos habita, unanimiter concluserunt quod novum antiphonarium, quod capitulum per Hanchecorne scriptorem fecit facere et scribere, retro majus altare pro recordando historias in choro decantandas ponatur et situetur, et quod ibidem per artifices expertos fiat lectrinus necessarius, et eciam quod antiphonarius in revestiario existens reparetur et religatur,

27 août 1428. Un Missel (1).
5 août 1430. *Hyreneus Lugdunensis* (2).
Ysidorus super Vetus Testamentum (3).
17 février 1437. Un Bréviaire (4).

et in iis nova festa ponantur et addantur. Et ad hoc faciendum, fuit commissus prelatus dominus archidiaconus de Augo, vocatis secum magistris E. de Campis, cancellario, et R. de Liveto et aliis dominis quos sibi placuerit.
(1) G. 2125, f° 128 v°, 27 août 1428. *De quodam missali misso apud Clayas tradito loco cappe, per Ja. de Frevilla.* Anno et die predictis, ordinaverunt quod unum missale repertum inter bona inventarii deffuncti magistri Jacobi de Frevilla, appreciatum ad xv^l, mittatur apud Clayas, quo loco capitulum tenetur reperire missale, et quod executores ejusdem deffuncti exonerantur de somma xv^{cim} librarum quam dictus deffunctus debebat dicto capitulo pro cappa ad quam tenebatur racione et ad causam sue recepcionis; et quod antiquum missale apud Clayas existens de presenti, quod est nullius valoris, recuperatur.
(2) G. 2126, f° 34 v°, 4 août 1430. *Concessio cujusdam libri.* Hac die, ego N. Couppequesne, ex concessu et deliberacione dominorum, cepi quemdam librum in libraria intitulatum *Hyreneus Lugdunensis contra aliquas* (?) *hereses,* cujus 2^m folium incipit : « accipiens a vobis », ultimum « et in omnibus his » ; quem librum promitto restituere in dicta libraria in loco quo fuit captus, teste proprio signo manuali.
                                                N. Couppequesne.
En marge : Redditus fuit iste liber anno predicto, die vij^a mensis novembris, per dominum meum Couppequesne.
                                                Gueroulli (?).
(3) G. 2126, f° 34 v°, 11 septembre 1430. Die xj^a mensis septembris, anno predicto, ego N. Caval, ex deliberacione dominorum in capitulo, cepi unum librum in libraria intitulatum *Ysidorus super Vetus Testamentum,* cujus operis Ysidori secundum folium incipit : « …. temus cujusque », et penultimum folium incipit : « Sensit odorem tuum » ; quem librum promitto restituere in dicta libraria, in loco in quo fuit captus, teste signo meo manuali hic apposito, infra unum mensem.
                                                N. Caval.
(4) G. 2128, f° 106 v°, 17 février 1437 (1438). *Restitucio cujusdam libri per magistrum H. Gorren seu ejus executores.* Anno et die predictis, fuit in capitulo hujus R. ecclesie restitutum

20 février 1437 (n. s.). Déclaration par les exécuteurs testamentaires de défunt maître Pierre Maurice, chanoine de Rouen, des livres par lui légués à la bibliothèque (1).

10 avril 1437 (Pâques). Une Bible remarquable (2).

19 septembre 1441. Un Cartulaire; un Graduel; un ancien Missel (3).

unum breviarium notatum ad usum Rothomagensem, quod alias fuerat accommodatum defuncto magistro H. Gorren per Guillelmum Lefournier, presbyterum, executorem dicti defuncti, cujus breviarii secundum folium post kalendarium incipit « Deus meus », et finit in ultimo....... De quoquidem libro prefati domini capitulantes quictaverunt dictum defunctum et ejus executores etc., proviso quod in ipso reponantur duo fermalia, ut erant per antea.

(1) [La liste des livres légués au chapitre par le chanoine Pierre Maurice, professeur de théologie, se trouve dans Langlois, *Recherches sur les bibliothèques, etc.*, 1853, pièces justificatives n° V, p. 64-65.]

(2) 1° Voir plus haut, note (1) 2°, p. 27.

2° [G, 2129, f° 111 r°, 21 septembre 1440. *Concessio cujusdam libri in mutuo domino episcopo Lexoviensi.* Item, prelati domini tradiderunt predicto magistro Nicolao Caval quemdam librum intitulatum supra asseres *Augustinus, de variis opusculis*, qui incipit in secundam columpnam primi folii « secundum viam, » et finit in dicta columpna, « eciam illis qui sine », et finit in ultima columpna ejusdem libri « occasio castitatis », pro ipsum librum tradendum in mutuo domino episcopo Lexoviensi. Quiquidem magister Nicolaus promisit dictum librum eidem domino episcopo tradere, et eciam illum recipere et in libraria reponere.

Iste liber supra designatus fuit restitutus et repositus in libraria per dictum magistrum N. Caval, ac per magistrum Jo. de Quesnay, M. Sutoris, Philibertus Furnerii et Laur. Surreau, ad hoc de parte capituli deputatos, receptus et visitatus anno Domini m^{mo}cccc^{mo}xlij^{do}, die sabbati secunda mensis junii.

DE FONTE.

[Ce second paragraphe, d'une encre plus noire, a été ajouté dans un espace resté libre.]

(3) G, 2130, f° 14 v°, 19 septembre 1441. *Commissio pro reparandos certos libros reparacione indigentes.* Anno et die predictis,

27 août 1443. Un *Valence* (1).
21 janvier 1446 (v. s.). Un Bréviaire (2).
11 février 1446 (v. s.). Un livre d'*Homélies* (3).

fuerunt commissi et deputati domini et magistri N. Caval, G. Fabri, R. Sutoris et J. de Eudemare, vocato secum domino de Carvilla, ad faciendum ligari et reparari unum cartularium, unum gradale ordinarium hujus ecclesie, et unum antiquum missale existens in revestiario. Et super recepta recepcionum dominorum canonicorum et capellanorum prelate R. ecclesie, dictus de Eudemare, commissa[rius], ipse solvet peccunias propter hoc necessarias et allocabuntur sibi in suis compotis.

(1) G. 2130, f° 163 r°, 27 août 1443. *De libro accommodato.* Anno et die predictis, super facto domini thesaurarii petentis sibi concedi in precario quemdam librum ecclesie dictum *Valence*, domini concesserunt dictum librum, mediante cedula promissionis restituendi eum sub signo suo manuali. — Restituit dictum librum, et cedula cassatur (10 juillet 1444).
[Au lieu de *Valence*, il faudrait lire *Galense*. Voir note (2) p. 45. Cette Somme s'appelait aussi *Summa Johannis Valensis*.]
(2) 1° [G. 2131, f° 84 r°, 18 janvier 1446 (1447). *Licencia executorum magistri G. Fabri.* Anno et die predictis, domini dederunt licenciam et auctoritatem executoribus testamenti magistri G. Fabri, sub beneficio inventarii oneratis, distribuendi bona mobilia dicti defuncti usque ad ij° libr. t. tantum pro exequiis, absque prejudicio sui beneficii inventarii, et in hoc comprehenduntur c salucia alias data, saltem licenciati fuerunt usque ad illam summam.]
2° 21 janvier 1446 (1447). Anno et die predictis, executores testamenti magistri G. Fabri, canonici et curati ecclesie parrochialis Sancti Dionisii, atulerunt in capitulo et tradiderunt quemdam librum, dictum *breviaire* de capella Sancte Katharine, quam nunc obtinet magister Stephanus de Mesnillo, et incipit in secundo folio « Gabriel angelus », et finit « orante sancto Clemente »; et fuerunt iidem executores de hujusmodi libro exonerati et liberati.
(3) 1° G. 2131, f° 89 r°, 11 février 1446 (1447). *De quodam libro incathenando.* Anno et die predictis, magister Johannes Deudemare restituit quemdam librum omeliarum, et ordinaverunt domini quod incathenaretur in libraria.
2° Anno et die predictis, prout retulit presidens (?), conclusum fuit quod tres libri, videlicet omelie quos habebat penes se magister Jo. Deudemare, et duo breviaria quorum unum de capella

10 mai 1452. Le texte du *Décret*.
La glose de Jean Andrieu.
Les *Épîtres* de saint Paul (1).
31 juillet 1452. Un livre sur l'exposition de l'évangile *Missus est* (2).
19 septembre 1452. Livre des Épîtres des messes des morts et de la Sainte Vierge (3).
9 septembre 1479. Les *Épîtres* de saint Jérôme com-

Sancte Katharine, et aliud spectat capitulo, ponentur in libraria et incathenabuntur.
3° [G. 2131, f° 94 v°, 6 mars 1446 (1447). *De quodam libro tradito magistro L. Surreau.* Anno et die predictis, fuit traditus magistro L. Surreau in precario quidam liber *De civitate Dei.* — Die xxiiij marcij fuit restitutus dictus liber.]
4° [G. 2131, f° 103 v°, 20 avril 1447 (post Pascha). Anno et die predictis, domini alocaverunt lx*t, solutos per magistrum Johannem Deudemare, Jo. Coquet librario, pro repparacione librorum de *Catholicon, Pontificale,* et aliorum libronum.]
5° [G. 2134, f° 10 v°, 15 septembre 1449. *De excommunicacione pro libris perditis.* Dicta die, domini capitulantes ordinaverunt fieri excommunicatorium contra illos qui furtive ceperunt seu alienaverunt tres processionarios ecclesie et denunciari in parrochiis Sancti Viviani et aliarum ubi videbitur expediens, et quod mandentur in capitulo vicarii succentoris ad sciendum quid agendum super hoc.]
(1) Ces trois volumes furent vendus au plus offrant, le premier dix écus d'or, le second sept livres dix sols, le troisième quarante sols. Ces prix supposent des manuscrits assez beaux. Si je les cite ici, c'est que le chapitre ne les aura fait vendre que parce qu'il les avait en double dans sa bibliothèque.
(2) G. 2134, 31 juillet 1452. Dicta die, prefati domini capitulantes concesserunt magistro Jo. Fabri, canonico, sibi accommodari unum librum super expositionem evangelii *Missus est,* et tradendo cedulam.
(3) G. 2134, f° 186 r°, 19 septembre 1452. *De libro reparando.* Dicta die, prefati domini capitulantes ordinaverunt quod liber epistolarum missarum pro deffunctis et beate Marie religatur et reparetur de argento per coopertorium, et solvatur per magistrum Johannem Deudemare, receptorem capparum, et eciam queratur unum manutergium novum.

plètes, et autres livres au nombre de dix-huit donnés à la bibliothèque par Laurent Surreau, chanoine (1).

1er mai 1480. *Summa Hostiensis* ; *Novelle* de Jean André, *Mercuriales* et plusieurs traités réunis (2).

(1) 1° [G. 2140, f° 230 v°, 9 septembre 1479. La liste des livres donnés par Laurent Surreau a été publiée par l'abbé Langlois, *Nouvelles recherches, etc.*, p. 2 et 4, et par J. Félix, en appendice au testament du chanoine L. Surreau. Voir *Inventaire de P. Surreau, etc.* (Société de l'Histoire de Normandie, p. 203-211.)]
2° [G. 2140, f° 231 r°, 9 septembre 1479. *De Passionario donato per magistrum Jo. Ybert.* Item, venerabilis vir, ma. Johannes Ybert, hujus ecclesie canonicus, ad ampliorem ipsius ecclesie augmentacionem et Dei laudem, dedit librum unum pulcerrimum, *Passionarium* nuncupatum, qui in secundo ejus foliculo incipit « suis meritis suscitasse », etc., requirens nichilominus sibi concedi ut, cum ei opus fuerit libro hujusmodi, possit in suam cameram illum deportari facere, tradendo cedulam obligatoriam de illum restituendo fideliter ; quod domini prelibati cum graciarum actionibus eidem libencius annuerunt ; et receptis libris predeclaratis, ordinaverunt et jusserunt illos ad eamdem librariam portari et ordinari secundum quod congruum videbitur.]
(2) G. 2141, f° 43 v°, 1er mai 1480. *De gratuito librorum.* Ea die, venerabilis vir magister G. Auber, cancellarius, et P. Francisci, canonicus hujus ecclesie, executores testamenti defuncti venerabilis quondam et circumspecti viri magistri Philippi de Rosa, dum viveret archidiaconi Minoris Caleti, dederunt ecclesie et ad usum librarie ipsius tria volumina, unam Sommam Hostiensem, reliquum (?) Novellam Johannis Andre et alterum Mercuriales cum pluribus aliis tractatibus continentem ; que idem executores de bonis execucionis ipsius defuncti sua liberalitate donarunt et porrexerunt, et domini prefati super hoc eisdem gracias egerunt. [Au nombre des dix-sept ouvrages, la plupart de droit canonique, légués de son vivant le 13 mars 1432, par André de Marguerie, chanoine et archidiacre du Petit-Caux, se trouvent : Pars lecture, et 2ª pars lecture domini Hostiensis super antiquis decretalibus. (Langlois, *Recherches sur les bibliothèques, etc.*, 1853, pag. 19.) Henri de Suse, *de Segusio*, cardinal d'Ostie, mort en 1271, auteur d'une *Summa de titulis Decretalium.* (Bibl. de Rouen, *Cat. gén.*, tom. I, p. 200.) La

13 août 1485. Un grand Missel donné par Richard Perchart, chanoine (1).
26 juin 1505. Un Rituel (2).

Summa Hostiensis a été imprimée à Bâle, in-fol.; c'est le n° 762 de la *Bibliotheca Bigotiana*, Paris, 1705.

(1) G. 2143, f° 59 r°, 13 août 1485. *De missali et libris aliis ecclesie donatis per magistrum R. Perchart.* Delati fuerunt capitulariter per custodem thesauri libri infra scripti eidem deliberati per magistrum R. Perchart, de dono ipsius ecclesie facto, videlicet :

Unum precipuum et sumptuosum missale, coopertum serico, cum firmaculis duobus argent[i] deauratis, ad usum ecclesie in missis sollempnitatum et alias, juxta ordinacionem dominorum deputandum.

Item, aliud parvum missale de nonnullis missis ad devocionem compositum, coopertum eciam serico cum firmaculis argenti deauratis.

Item, gradale notatum de missis in dicto parvo missali consistentibus, pro decantatione compositum.

Item, liber alius compositus pro decantatione benedictionum fontium, cerei, etc.

Le grand missel in-folio, aujourd'hui à la Bibliothèque publique de Rouen, A. 14 (385), écrit à deux colonnes sur 372 feuillets de beau parchemin, porte sur le recto du dernier feuillet :

  Hunc librum dedit ecclesie rothom.
  ad usum maioris altaris in
  festis solennibus, venerabilis vir
  magister Ricardus perchart in
  decretis licenciatus, canonicus
  huius ecclesie, et rector ecclesie
  sanctorum gervasii et prothasii parisius.

On trouve, en outre, le portrait du donateur deux fois répété au bas des grandes miniatures des feuillets 149 v° et 150 r°. Dans la première, il a son manteau noir par dessus son surplis; dans la seconde, il porte l'aumusse et le surplis et est à genoux, sollicitant une prière pour son offrande :

  Hac celebrans hora,
  pro eo qui me dedit, ora.

Au feuillet 13, on a ajouté après sa mort une prière en son honneur.

(2) Rituel donné par l'exécuteur testamentaire de l'archevêque Robert de Croismare. Voir plus haut, note (1) p. 28.

1ᵉʳ juin 1562. Deux Évangéliaires avec les couvertures d'or (1).

J'ai ainsi suivi la longue énumération des livres de la bibliothèque du chapitre dont il est fait mention depuis l'incendie de la cathédrale en 1200, jusqu'à l'année 1562. J'avais pris pour point de départ un malheur ; je suis obligé de prendre pour point d'arrêt un désastre plus funeste dans ses effets et plus pénible à raconter, car l'un est un incendie, l'autre un pillage. A l'incendie qui ravage sans discernement, on peut arracher quelques morceaux de sa proie ; à l'homme qui pille et détruit avec intention, rien n'échappe, et sa fureur ne s'apaise que quand tout est anéanti.

La cathédrale, pendant ces trois cent cinquante ans, avait été témoin de bien des événements. Du bas des murs de ville, les cris des assiégeants étaient montés plus d'une fois jusqu'à elle, et les vainqueurs, dans l'enivrement de leur succès, avaient fait retentir le parvis de leurs cris de joie ; sans compter les émeutes en temps de paix, et les révoltes en temps de famine ; et pourtant, à travers toutes ces vicissitudes, ce grand monument avait été respecté et n'avait pas connu de mauvais jours.

Les Anglais, lorsqu'ils entrèrent dans la ville, s'ar-

---

(1) Le 1ᵉʳ juin 1562, on porta à la monnaie, en vertu « des conclusions arrêtées au Conseil establi par le peuple en l'hostel commun de la ville de Rouen », (cette pièce originale est conservée aux Archives), tous les vases, vaisselles, statues et images d'or et d'argent ayant été saisies dans les trésors des églises. Dans cette énumération se trouve, pour Notre-Dame : la couverture d'or de la châsse de saint Romain, avec la couverture d'or de deux livres d'évangiles, pesant net 30 marcs, 5 onces, 6 gros, à ce compris demi-once baillée à Mʳ de Bertouville. Je n'ai trouvé dans les Archives départementales qu'une copie de ces pièces, aussi curieuses qu'affligeantes.

rêtèrent devant la maison de Dieu, et Bedford n'y entra que pour apporter de riches offrandes et solliciter un tombeau.

La tour de Beurre est construite de 1485 à 1507 ; le cardinal d'Amboise pose, le 18 juin 1509, la première pierre du grand portail, qui est terminé en 1530 par le second cardinal d'Amboise; en 1542, la flèche centrale, œuvre de Robert Becquet, s'élevait à la prodigieuse hauteur de 132 mètres ; après des siècles, la cathédrale de Rouen était enfin terminée.

Malheureusement, la Réforme, par des luttes civiles, apporta pour la première fois depuis les grandes destructions des Iconoclastes, un principe dévastateur, et s'attribua la mission fatale de ruiner les monuments religieux qu'elle considérait comme le lien le plus fort qui rattachait les catholiques à leur culte.

Mais, au commencement du xvie siècle, détruire les églises, les couvents, les chapelles, c'était, il ne faut pas l'oublier, c'était porter le coup le plus funeste aux arts, aux lettres et aux sciences ; et cependant, cette destruction eut lieu en Allemagne, en Suisse, en Angleterre, en France. Dans telle contrée, elle commença plus tôt, dans telle autre, elle se prolongea plus tard.

Si maintenant nous considérons la bibliothèque du chapitre au xviie siècle, nous retrouvons le charme mystérieux du moyen âge avec quelque chose de plus cossu et de plus confortable : une boiserie uniforme, et des livres qui s'aperçoivent, ou plutôt se cachent derrière des rideaux de soie verte, garantis par un grillage de fil d'archal ; un tableau de sainteté, le Christ sur la croix, etc., sont placés dans le lieu le plus en évidence, et ensuite, au-dessus de chaque armoire, le portrait des généreux donateurs qui ont contribué à enrichir la bibliothèque.

L'abbé Lebrun des Marettes, né à Rouen en 1650, a donné la description de cette bibliothèque, au moins telle qu'elle était vers 1700, dans son ouvrage intitulé *Voyages liturgiques de France*, qu'il publia à Paris, en 1718, sous le nom de sieur de Moléon (1) :

« On a placé la bibliothèque à l'extrémité du côté gauche de la croisée de la cathédrale ; on y monte par un escalier de pierre avancé dans l'église, et qui est assez bien travaillé. Au-dessus de cet escalier sont ces deux vers qui sont de S. Paulin, et qui étaient pareillement sur la porte de la bibliothèque de l'église de S. Félix de Nole :

Si quem sancta tenet meditandi in Lege voluntas,
Hic poterit residens sacris intendere Libris.

« Les chanoines de l'église cathédrale ont rendu publique cette bibliothèque ; et il y a un bibliothécaire ou commis gagé qui (hors les Dimanches et Fêtes, les jeudis et le mois d'octobre), depuis huit heures du matin jusqu'à cinq, présente les livres à tous ceux qui en demandent, pour la commodité desquels il y a de longues tables au milieu, et des bancs aux côtés. Le vaisseau de la bibliothèque est assez grand et fort bien éclairé. Il y a de forts bons livres enfermés dans des armoires garnies de fil d'archal. Au-dessus de ces armoires on voit les tableaux ou portraits de ceux qui les ont donnés (2).

---

(1) Pag. 268-69.
(2) Voici, d'après la notice de l'abbé Saas, les noms des donateurs dont on voyait le portrait : François de Harlay, mort en 1653 ; Pierre Acarie, 1637 ; Hallé, 1636 ; Béhotte, 1638 ; Le Prévost, 1648 ; Dufour, 1679 ; De la Fosse, 1683 ; de Séraucourt, 1703, de Séricourt, 1709 ; de la Roque-Hue, 1729 ; Des Bouillons, 1730 ; Du Perron, 1734 ; Louis, 1744. Il faudrait

entre lesquels est le sieur Acarie qui la commença en donnant sa bibliothèque. Aussi, par un esprit de reconnaissance, à la fin des grâces, après le dîner que les chanoines font tous ensemble dans ce lieu, le jour de l'Ascension, le chanoine qui a fait la bénédiction de la table dit : « Prions pour le repos de l'âme de M. Pierre « Acarie, qui a donné commencement à cette biblio- « thèque. »

En 1700, Lebrun des Marettes vit à la bibliothèque de la cathédrale de Tours, occupant la longueur d'une galerie du cloître, les manuscrits posés et enchaînés sur des pupitres, tant au milieu que du côté de la muraille.

Troisième partie.

Le Portail des Libraires et les commencements de l'imprimerie à Rouen.

Au moyen âge, tout s'abritait sous l'aile de la religion. Si les institutions, les corporations de métiers y trouvaient une force morale, les pauvres qui vivaient d'aumônes, et les petites industries qui tâchaient de sortir de misère y cherchaient une protection efficace, en se groupant autour de l'église, en s'efforçant de faire corps avec elle. Les pauvres diminuèrent en nombre avec la progression du bien-être ; les industries se fortifièrent et s'aventurèrent dans les villes, sous la pro-

ajouter, comme on en avait eu l'intention, Richard Simon, l'abbé Legendre, etc.

tection municipale. Une seule demeura fidèle à ceux qui l'avaient accueillie à l'origine, parce qu'elle sentait que, toute intelligence venant de Dieu, toute instruction devait partir de l'église; c'est l'industrie des libraires.

Dès le XIVe siècle, on vendait à Rouen des livres manuscrits de prières ou d'études dans le porche ou passage qui menait au portail septentrional de la cathédrale; c'est le chapitre qui louait les échoppes qu'on y avait établies, et c'est lui aussi qui exerçait sur la vente des livres une surveillance nécessaire (1).

(1) Cette surveillance était de deux sortes ; l'une pourrait s'appeler une censure d'orthodoxie relative aux doctrines ; l'autre tenait plus de la police ; il s'agissait soit d'arrêter la vente d'un livre volé, comme nous le verrons tout à l'heure, soit d'empêcher la fraude au détriment de l'acheteur. Je trouve dans les Registres capitulaires, G. 2122, f° 53 v°, 11 mai 1418 : *De libro Sancti Ebrulfi*. Ea die, Johannes Boyvin, venditor librorum in portallo Bursariorum prope ecclesiam R[othomagensem], apportavit quemdam librum nuncupatum breviarium, ad usum abbacie Sancti Ebrulphi, coopertum de corio quasi albo, habentem fermalia de cupro, incipientem in primo folio post kalendarium : « Ciclus decemnovalis », et in penultimo folio libri scripto : « tuos quemadmodum », sibi traditum per Colletam, uxorem Symonis de Mara, de Berneyo, Lexoviensis diocesis, pro vendendo ; qui Symon predictum librum emerat, ut dicebatur ; et ad instanciam prefati abbatis liber predictus fuit positus in manibus capituli, et fuit datus terminus dicte uxori ad adducendum *son garant*, vel probandum quod suus maritus dictum librum emerat, (eo quod dictus abbas dicebat librum sibi pertinere), infra festum Magdelene proxime futurum ; presentibus dominis Guillelmo Fabri, Egidio Taverne et Matheo de Buffresnil, testibus ad premissa.

Et fuit traditus liber in custodia domino Petro Le Vieil, custodi thesauri hujus ecclesie ; de consensu abbatis, xxij julii terminus fuit prorogatus usque ad festum Omnium Sanctorum, et pars adversa protestata fuit de habendo terminum usque ad Nativitatem Domini, casu quo citius non possit adducere *son garant*, etc. Item, prorogatus fuit usque ad Magdalenam, prout continetur in

Lorsque la cathédrale fut construite, il n'y avait, entre la porte du transept septentrional et la rue Saint-Romain, qu'une petite allée qui servait d'entrée. Après 1281, cette allée fut convenablement élargie au moyen d'un échange de terrain fait entre le chapitre et l'archevêque (1), et alors s'éleva l'élégant et riche portail que l'on admire aujourd'hui, et auquel on travaillait encore en 1370 (2). Ce portail fut parfois appelé le portail des Boursiers (3), mais, à la fin du xv⁰ siècle, cette appellation était complètement abandonnée.

informacionem. Ad quam diem dictus Symon non comparuit, et eo fuit dictus liber restitutus dicto abbati, ut post continetur.

(1) Voici comment l'établit M. Legendre; je n'ai pas pris la peine de rechercher l'acte d'échange qu'il cite, mais qui doit être exact. Par acte d'échange passé sous le scel du chapitre de Rouen, en 1280 (v. s.), le jeudi après les Rameaux, le doyen et le chapitre cédèrent à Guillaume de Flavacour, archevêque de Rouen, deux de leurs maisons canoniales situées à Rouen, en la paroisse Saint-Etienne dans l'église dudit chapitre, contiguës au manoir dudit archevêque. En contre-échange, l'archevêque céda au doyen et chapitre certaine portion ou partie de ses maisons « domorum suarum », pour faire construire une porte ou entrée en ladite église de Rouen, du côté du septentrion; ladite portion ou partie de ses maisons comme elle se pourporte en long et en large depuis le pavement de la rue Saint-Romain jusqu'à ladite église, et depuis le mur du manoir dudit archevêque jusqu'à la maison commune de notre dit chapitre. Voir D. Pommeraye, *Histoire de l'église cathédrale de Rouen*, p. 39. [C'est le jeudi saint 1281 (nouveau style) qu'eut lieu l'échange. (Cartulaire de la cathédrale de Rouen conservé dans la Bibliothèque de cette ville, fol. 178, coté 44.) Legendre, ancien feudiste, archiviste-adjoint, en 1829, du Dépôt de la Seine-Inférieure, auteur d'un *Mémoire sur la construction de l'archevêché de Rouen* (ms).]

(2) G. 2115, f° 61 r°, 21 novembre 1370. Domus canonialis sita prope pistrinum capituli fuit tradita Henrico de Fescamp, canonico hujus ecclesie pro pensione solita, sub condicione tali, videlicet, quod hostium dicte domus, in exitu versus lapides sculptandas pro dicta ecclesia, omnino obstruetur, nec ibi de cetero canonicus exitum nec introitum poterit reclamare. Actum in capitulo xxj novembris, anno domini M° ccclxx°.

(3) 2122, f° 4 r°, 13 septembre 1415. *De boullengario capituli*

Cependant, depuis longtemps, et dès le xive siècle, des libraires y avaient établi leurs boutiques, et comme leur industrie dominait entièrement les autres dans l'allée qui mène au portail septentrional, il fut appelé communément, à partir de cette époque, le portail des Libraires, et il a gardé ce nom.

Cette allée, qui n'était d'abord qu'un passage étroit, aussi malpropre que mal aligné, s'était élargie et embellie par la construction de la bibliothèque, à l'ouest, et des bâtiments de l'officialité, en face. En 1481, le chapitre y ajouta un nouvel ornement en décidant qu'une magnifique entrée, décorée d'un portail à jour, serait construite sur la rue Saint-Romain. Il s'agissait, comme le dit la décision capitulaire, d'élever un portail qui fût utile, décent et honorable pour l'église (1).

et du Sage, boursario. Anno Domini Mº ccccxv, die xiij mensis septembris, capitulantes domini [de] capitulo, domino decano absente :

Ea die, domini predicti fecerunt injunctionem Verdure, boullengario hujus ecclesie, ad penam carceris, quod ipse non tractat (?) Garino *(sic)* Le Sage, boursarium, tenentem unam eschoppam et vendentem in portali *aux Boursiers*, gallice, hujus ecclesie; coram quocumque judice nisi coram dictis dominis in eorum capitulo ; et ad hoc quod ipse boullengarius nichil accipiat de mercanciis ipsius Le Sage, nisi sub nomine empcionis, nec dicat aliquid inhonestum eidem Le Sage; et hoc sub pena xl solidorum tur., partim justicie et partim parti applicandorum ; et similiter injunxerunt dicto Le Sage, sub eadem pena xl solidorum tur. applicandorum ut supra.

(1) 1º G. 2141, fº 190 rº, 13 septembre 1481. *Commissarii pro edificio portalicii Librariorum.* Item, apperto de portalicio hujus ecclesie quo nunc librarii tenent apothecas, pro aliquo edificio inibi anterius, quod ecclesie sit honorificus, faciendo et erigendo, domini dixerunt locum primitus visitandum esse, ad quod dominos cantorem, thesaurarium, archidiaconum Augi, ac magistros N. Gaillart, Jo. Roussel, J. Masselin, Ro. du Quesnay et Reg. Chuffes, una cum magistris fabrice deputaverunt, qui hoc ad se commissum negocium exequentur diligenter et capitulo referant.

L'architecte de la cathédrale, Geoffroy des Vignes (1), présenta deux projets qui ne manquaient ni de grandeur ni d'élégance. Dans l'un, il n'avait disposé qu'une grande et large arcade ; dans l'autre étaient deux portes séparées par un pilier richement ouvragé. Les chanoines appelés à décider celui des deux projets qui serait exécuté, choisirent le second, et ordonnèrent qu'on se mît immédiatement à l'œuvre. En 1482, la construction en était à la corniche au-dessus des portes. Le chapitre demanda à l'architecte d'arrêter là le gros œuvre et de le surmonter d'une galerie à jour ou à claires-voies (2). On sait qu'une partie de cette riche et

2° G. 2141, f° 191 r°, 19 septembre 1481. *De novo erigendo portalicio ad Librarios*. Ea die, apperto de portalicio hujus ecclesie juxta librariam et versus vicum edificando, et super difficultatibus in ea re super forma edificii et alias, maxime an unica vel due janue inibi fierent occurrentibus, matura deliberacione habita, concluserunt in portalicio hujusmodi duas januas fieri et erigi, quodque operarii lathomi in competenti numero, secundum dictorum commissariorum discrecionem, retineantur, qui lapides pro illo opere conficiant et preparent usque ad inicium (?) testudinum valvarum hujusmodi, et tunc vel interim advisabunt et deliberabunt commissarii cum eisdem operariis de forma residui ejusdem operis, quod tamen sit ecclesie honestum et utile.

(1) G. 2141, f° 157 v°, 2 mai 1481. *De altero lathomorum fabrice*. Ea die, visa supplicacione Gauffridi des Vignes, lathomi, conquerentis de diminucione sui diurni et quotidiani salarii, domini dixerunt quod, nisi contentus sit precio aliorum sibi similium, magistri fabrice provideant de alio, ad eorum discrecionem et operis ecclesie utilitatem. [Geoffroy des Vignes avait travaillé comme sculpteur à une décoration architecturale ajoutée en 1468 au monument de Du Guesclin élevé dans l'église de Longueville. (Communication de M. Ch. de Beaurepaire dans *Archives de l'art français*, 1855, tom. III, pag. 135.)]

(2) 1° G. 2141, f° 229 v°, 20 juin 1482. *De januis portalicii*. Item, dixerunt et concluserunt quod janue requisite pro novo portalicio hujus ecclesie fiant ad exemplar illarum que sunt in manerio novo rev[di] domini archiepiscopi Rothomagensis, et quod magistri fabrice loquantur cum pluribus operariis ut inquirant

fine décoration fut renversée par un ouragan, le 3 février 1638 (1).

L'ancien passage devint un bazar élégant et commode. Au lieu d'échoppes enfumées, bâties sans régularité, enchevêtrées les unes sur les autres et menaçantes pour le passant, on établit deux lignes de boutiques régulières, et chaque marchand eut sa place, son étal, surmonté de son enseigne et de sa devise.

et sciant de precio illarum, pro quanto videlicet fieri et haberi poterunt.

2° G. 2141, f° 253 v°, 11 octobre 1482. *De edificio portalicii Librariorum*. Item, habita hodie inter dominos prefatos deliberacione matura super complemento et perfeccione operis portalicii noviter erecti in hac ecclesia, juxta domum choralium, atque forma ejusdem, dixerunt et ordinaverunt in primis opus hujusmodi satis altitudinis habere, nec altius erigendum esse, sed pro aggreamento et decoracione illius fiant et componantur in superioribus et circuitu masse dicti operis *des cleres voyes*, gallice, sine pluri, quod pronunc sufficiat donec alias super eminenciore vel altiore illius edificacione, cum tempus affuerit et videbitur opportunum, fuerit advisatum. Verum et super eo quod nonnulli in medium adducebant de ostio faciendo in libraria super ipsum portalicium, quo eundum esset de ipsa libraria super ipsum portalicium, aut recto gradu conficiendo et applicando, quo de superiori dicte librarie ibidem pro loco emundando, fuit deliberatum et conclusum a majori parte quod nec ostium in libraria, nec eciam ex superiori dicte librarie, vel alias, gradus conficietur, sed dum opus erit, scala mediante, ascendetur ad nives aut immundicias, si que fuerint, expurgandas et emittendas.

3° G. 2142, f° 114 r°, 22 avril 1484. *De turricula in porticu novo perficienda*. Item, et deliberacione facta et habita super illa turricula erecta in portalicio noviter constructo prope librariam, si videlicet altius erigi et perfici deberet necne, domini dixerunt et concluserunt quod perficiatur secundum operis exigenciam, ne deformitatem paciatur, secundum discrecionem magistrorum fabrice, quibus eciam fuit significatum, cum prestacione auctoritatis, quod provideant de lapidibus et aliis materiebus requisitis.

(1) D. Pommeraye, *Histoire de l'église cathédrale de Rouen*, p. 48.

Un grand événement qui non seulement intéressait les libraires au premier chef, mais qui devait exercer sur l'humanité elle-même une influence extraordinaire, se préparait silencieusement dans ces belles contrées qui longent et avoisinent la rive gauche du Rhin. On avait découvert, dans les Pays-Bas, toutes les ressources qu'offrait l'impression humide pour la multiplication des gravures, que jusqu'alors on avait laborieusement creusées dans le métal, sans se douter qu'on en pouvait tirer des empreintes. On s'appliqua dès lors à graver sur matières moins dures, comme le bois, les sujets que les copistes y avaient dessinés.

Ces premières tentatives reçurent un grand développement à Haarlem, par des essais assez habiles de caractères mobilisés : l'imprimerie était découverte ; il restait à la perfectionner. Gutenberg s'y appliquait avec un zèle digne d'un succès, non pas plus heureux, ni plus glorieux pour son nom, mais plus avantageux. Après de vains efforts tentés à Strasbourg pour imprimer une Bible, il réussit complètement à Mayence, en s'associant avec l'ingénieux Pierre Schoiffher et le riche Jean Fust.

En 1462, la ruche industrieuse de Mayence, troublée dans son travail, lança ses essaims au dehors ; l'imprimerie était entrée triomphante dans le domaine public.

. . . .

Ce fut alors, dans toute l'Europe, une grande rumeur. Si l'on en parlait au fond des cloîtres où l'on copiait les livres, si l'on s'en occupait dans les Universités où cette invention était la bienvenue pour faciliter l'étude en multipliant les livres, il y avait toute une classe d'hommes pour lesquels cette innovation allait devenir un bouleversement, une révolution : c'étaient les copistes, les libraires, les relieurs, vaste industrie solidaire, dont les membres se voyaient les uns anéantis, les autres menacés, tous étourdis du coup, n'en dormant plus.

On doutait d'abord de la réalité du fait. A cette époque de contes absurdes, remis vingt fois en circulation, de récits mensongers si souvent contredits et pourtant toujours crus, on pouvait refuser créance à une nouvelle aussi surprenante, à des résultats qui devaient paraître invraisemblables. Mais bientôt des colporteurs apportèrent des livres imprimés et vinrent les vendre en concurrence des livres manuscrits. Ils s'établissaient devant les portes de l'église, et exposaient sur des tables leur étrange marchandise dont le prix seul établissait la différence, car le papier ou le parchemin était le même que celui des manuscrits ; et s'il y avait plus de régularité, une plus belle encre, elles se trouvaient dans les imprimés. De ce moment, il n'était plus permis de douter : un art nouveau était né, armé de toutes pièces.

Comme dans les attaques inopinées, on repousse l'ennemi sans chercher d'habiles combinaisons et avec les premières armes que l'on trouve sous sa main, ainsi les libraires de Rouen se retranchèrent derrière leur privilège, et prétendirent résister de la sorte aux assaillants. Locataires du chapitre, habitués à la protection de l'église, soumis à sa surveillance, ils adressèrent aux chanoines une supplique dans laquelle ils demandèrent l'expulsion des libraires étrangers (1).

(1) 1° G. 2142, f° 47 v°, 5 juillet 1483. *De supplicacione librariorum.* Item, super supplicacione porrecta per librarios ad finem expellendi quosdam venditores librorum impressorum qui

Le chapitre se réunit le 8 juillet 1483. Il devait être, croyait-on, intéressé à protéger ceux qui louaient ses boutiques ; et d'ailleurs les gens d'église ne se sont-ils pas toujours défiés des innovations et des libres initiatives ? Cependant, la décision du chapitre fut que ces libraires étrangers ne mettant en vente que de bons livres, utiles à tous par leur bas prix, il leur serait permis, pour ces raisons et pour d'autres causes, de s'établir et de vendre leurs livres partout où ils le voudraient.

Les libraires de Rouen avaient voulu employer une mauvaise arme, et il leur était défendu de s'en servir. Ils furent mieux inspirés lorsqu'ils reconnurent que la fabrication des livres était une industrie, champ de bataille où la concurrence est le dernier mot. Jusque-là, ils avaient fait copier des livres ; dorénavant, ils les imprimèrent.

Vers 1470, alors que de nombreuses villes, Rome, Venise, Bamberg, Cologne, Nuremberg, Bâle, Paris, Bologne, etc., avaient déjà des ateliers d'imprimerie, les rapports et les communications étaient si peu fréquents d'un pays à l'autre que l'on considérait encore

---

in porticu, juxta apothecas ipsorum supplicantium, veniunt libros stallare et publice vendicioni exponere, domini, licet deliberaverint aliquantulum, nichil concluserunt.

2° G. 2142. f° 48 v°, 8 juillet 1483. *De venditoribus librorum in portaliciis.* Item, super supplicacione nuper data per librarios qui in portalicio apothecas fabrice tenent, ad finem quod quidam venditores librorum impressorum libros venales super tabulis in portaliciis hujus ecclesie vendicioni afferentes expellantur, domini actendentes quod ipsi venditores libros habent et vendunt peroptimos et utiles, ex hoc et aliis causis, deliberacione prehabita, concluserunt per organum domini decani quod ipsi venditores permittentur stallare et vendere libros suos ubicumque voluerint, usque tamen [ad] beneplacitum dominorum.

cet art comme un mystérieux arcane, et qu'on se rendait en grand secret sur les bords du Rhin pour tâcher de le surprendre. Nicolas Jenson aurait, dit-on, reçu de Charles VII une mission de ce genre. Des hommes ingénieux, poussés par cet instinct qui semble une inspiration, partirent de Rouen, sans autre soutien que leur confiance, et allèrent en Allemagne. Lorsqu'ils eurent fait leur apprentissage et acquis le matériel si peu compliqué qui permettait de colporter l'imprimerie de ville en ville, comme une industrie nomade, au lieu de revenir dans leurs foyers mettre en œuvre leurs nouveaux talents, au milieu de leurs anciens concitoyens, ils dirigèrent leurs pas en sens opposé, et allèrent ailleurs chercher gloire et fortune.

Quelle était donc cette séduction qui attirait les ouvriers imprimeurs en Italie ? Jenson manqua à la fois à ses devoirs et à la reconnaissance lorsqu'il alla à Venise porter son esprit ingénieux et un talent qu'il devait à sa patrie. Pierre Maufer, le Rouennais, succomba aussi à la tentation ; il passa les Alpes, et son nom qui paraît au bas de beaux volumes imprimés à Padoue, à Vérone, à Venise et à Modène, ne peut qu'augmenter nos regrets (1).

C'est à de nouveaux dévouements, à des Rouennais plus attachés à leur patrie, que la Normandie doit l'introduction de l'imprimerie. Pierre Maufer avait un frère, plus jeune que lui, sans doute, qui porta le même nom ; il l'encouragea à suivre son industrie en réparant ses torts, et il partit vers 1480, accompagné de Martin

(1) [Sur les livres imprimés en Italie par Pierre Maufer, Rouennais, voir Émile Picot, *Les imprimeurs normands en Italie*. (Société de l'Histoire de Normandie, assemblée générale du 20 juin 1911).]

Morin et de quelques autres compagnons pour apprendre l'art d'imprimer, en Allemagne (1).

Les industries de même nature se groupèrent alors dans un même quartier. Il fallait à l'imprimerie de grands bâtiments ; elle les découvrit facilement dans les environs de l'église Saint-Lô. Là se trouvaient Martin Morin, rue Saint-Lô, à l'Image Saint-Eustache ; Guillaume le Talleur, même rue, en face du prieuré.

Dans l'église, un banc était réservé aux imprimeurs ; une chapelle fut destinée à leur sépulture (2).

Mais bientôt le besoin de logements plus vastes et l'accroissement du nombre des imprimeurs les forcèrent à se répandre dans divers quartiers de la ville.

Si l'imprimerie et la librairie se répandirent ainsi dans toute la ville, le commerce de débit resta fidèle au

(1) [L'existence d'un frère de Pierre Maufer n'est nullement prouvée ; quant au séjour de Martin Morin en Allemagne, c'est une légende à rejeter, comme celle de la famille Lallemant-Conterey, qui aurait introduit l'imprimerie à Rouen. Cette thèse avait été soutenue par André Pottier, Edouard Frère, E. Gosselin ; M. Charles de Beaurepaire a démontré que ces prétentions de la famille Lallemant reposaient sur des documents fabriqués. (Ch. de Beaurepaire, *Recherches sur l'introduction de l'imprimerie à Rouen*, in-8, 1879.) Martin Morin, qui était probablement originaire d'Orbec, dut s'initier à l'art de l'imprimerie dans l'un des ateliers de Paris, entre 1483 et 1487, puis il vint à Rouen et mit son talent au service de Guillaume le Talleur. Voir G. Lepreux, *Gallia typographica, Normandie*, III, 1er volume, p. 328 ; E. Gosselin, *Glanes historiques normandes*, 1re série, *Simples notes sur les imprimeurs et libraires rouennais* (xve, xvie et xviie siècles), 1869, p. 55-59 ; P. Le Verdier, *L'atelier de Guillaume Le Talleur*, Rouen, 1916, in-4°.]

(2) Farin, *Histoire de la ville de Rouen*, 1710, III, 260.

Portail des Libraires (1). Plusieurs commerçants, tout en faisant imprimer à Rouen de magnifiques ouvrages, n'eurent d'autre adresse, d'autre enseigne, d'autre boutique que dans cet antique bazar de la librairie. Les habitudes changeaient peu alors, et l'on se faisait un mérite de ce qui, aujourd'hui, serait considéré comme un tort.

Nous signalerons, parmi les noms des imprimeurs-libraires du portail, ceux de :

1502. Richard Macé, à l'enseigne des Cinq chapelets.

1510-27. Louis Bouvet. C'est lui qui publia *l'Entrée de très chrétien et très victorieux Roy de France Françoys premier de ce nom faicte en sa bonne ville et cité de Rouen le second jour d'aoust. En l'an de la rédemption humaine mil cinq cens dix sept.* (In-4°, goth., 6 ff.)

1527. Guillaume Bavent, l'un des éditeurs du missel à l'usage de l'église de Rouen, imprimé à Paris, en 1527, par Nicolas Prévost.

1538. Jean Mallard. Sa boutique, ou, comme il l'appelle, son ouvroir, était l'une des deux qui s'appuyaient sur l'église. Son enseigne était à l'Image de la Vierge Marie.

1544. Robert du Gort, ou Gord. *C'est la déduction du somptueux ordre*, etc. (Entrée de Henry II). Rouen, 1551, pet. in-4°, fig., 67 ff. non chiffrés. Brunet en cite un exemplaire sur parchemin. Il publia en outre nombre de facéties.

---

(1) [Sur les libraires qui ont occupé des échoppes aux xve et xvie siècles, voir E. Gosselin, *Glanes historiques normandes*, 1re série, 1869, p. 53 et suivantes, et surtout le travail très complet de M. Ch. de Beaurepaire, *Les boutiques du Portail des libraires*, dans *Derniers mélanges historiques et archéologiques*, 1909, p. 161 à 177.]

1544. Jean du Gort. Sa boutique était appuyée contre l'avant-portail de la rue Saint-Romain. Il publia la relation en vers de l'Entrée de Henry II, *Les pourtrés et figures du somptueux ordre, etc.*, 1557, pet. in-4°, avec fig. sur bois. Sa devise était : *Tousiours pesche qui en prend ung*. Par une faute on lit : *touriours*.

1544. Robert le Hoy. Il était voisin des du Gort, et a publié avec eux l'Entrée de Henry II en prose.

TABLE DES MATIÈRES

	Pages.
INTRODUCTION.	5
PRÉFACE.	11
Ire partie. Bibliothèque de la cathédrale de Rouen.	15
IIe partie. Dons, legs et acquisitions de livres.	58
IIIe partie. Le Portail des Libraires et les commencements de l'Imprimerie à Rouen.	71

CHARTRES. — IMPRIMERIE DURAND, RUE FULBERT.

www.ingramcontent.com/pod-product-compliance
Lightning Source LLC
LaVergne TN
LVHW050648090426
835512LV00007B/1094